Zum Geburtstag
alles Gute
4.4.79.

Klaus

Janusz Korczak

Verteidigt die Kinder!

Erzählende Pädagogik

Mit einem Vorwort von Erich Dauzenroth
und Adolf Hampel

Gütersloher Verlagshaus Gerd Mohn

CIP-Kurztitelaufnahme der Deutschen Bibliothek

Korczak, Janusz:
[Sammlung ‹dt.›]
Verteidigt die Kinder! : Erzählende Pädagogik
– 1. Aufl. – Gütersloh : Gütersloher Verlagshaus Mohn, 1978
ISBN 3-579-04727-2
VW: Goldszmit, Henryk (Wirkl. Name) →Korczak, Janusz

Aus dem Polnischen übersetzt von
Wolfgang Grycz und Ilse Renate Wompel

ISBN 3-579-04727-2

Gesamtherstellung: Mohndruck Reinhard Mohn GmbH, Gütersloh
Umschlagentwurf: Franz Wölzenmüller, Unterhaching
Printed in Germany

Inhalt

Statt eines Nachworts

Vorwort

Janusz Korczak, als Henryk Goldszmit am 22. Juli 1878 in Warschau geboren, war Arzt, Schriftsteller, Erzieher. Als »Salonkind« (1906) in einer Advokatenfamilie großgeworden, schlug sein Herz für die »Kinder der Straße« (1901). Nach Aufgabe seiner Arztpraxis verhalf er »Kindern aus dem Dschungel des Lebens« (Joseph Arnon) in seinen Warschauer Häusern DOM SIEROT (Waisenhaus, 1911) und NASZ DOM (Unser Haus, 1919) zum Recht auf den heutigen Tag. Er erprobte die kühnen Ideen der europäischen Reformpädagogik und verschwisterte die »aristokratische Theorie mit der demokratischen erzieherischen Praxis«. In weltbekannten Büchern verkündete er »Das Recht des Kindes auf Achtung« (1929); er lehrte nicht nur die Polen, »Wie man ein Kind lieben soll« (1920); nicht nur den Kindern seines Volkes schenkte er »König Hänschen I.« (1923). Im Jahre 1935 erschien in deutscher Sprache sein Kinderbuch »Der Bankrott des kleinen Jack«.

Für die »Sache der unbekannten Größe«, die Sache des Kindes eiferte Korczak in Buch und Zeitung und Rundfunk. Die Zerstörung seiner leidenschaftlichen Verteidigung des Kindes begann in den Septembertagen von 1939, sie vollendete sich in der »Epoche der Öfen«. Im Zuge der »Endlösung der Judenfrage« wurde Dr. Korczak vom Warschauer Getto aus Anfang August 1942 mit seinen Schutzbefohlenen in die Gaskammern von Treblinka deportiert.

Der Name des »Lehrers von Warschau und Treblinka« (Dow Marmur) steht im Martyrologium des »Jahrhundert des Kindes«, er steht synonym für die Verteidigung des Kindes. Zahlreiche internationale Symposien in den letzten Jahren (Gießen, Paris, Lublin, Warschau, Tel Aviv, Jerusalem) haben die wissenschaftliche und literarische Hinterlassenschaft des Friedenspreisträgers des Deutschen Buchhandels (posthum 1972) analysiert und aktualisiert. Die Wissenschaft hat Korczak entdeckt; der Platz in den Handbüchern wird ihm zugewiesen.

Es ist zu erinnern: Korczak war zuständig für zerbrochene Fensterscheiben, zerrissene Handtücher, schmerzende Zähne, erfrorene Finger; für das Gerstenkorn im Auge, den verlorenen Schlüssel, das gestohlene Buch; für Schlägereien, für Tränen, für Lachen, für Kartoffeln, für Brot, für Schlaf. Korczak

hatte keinen »Lehrstuhl« für Erziehungswissenschaft, keine »Lehrkanzel« für Reden über . . .
Er war kein Professor – aber ein Bekenner.
Was er notiert, beschreibt und anklagt – nicht nur in diesen hier erstmals in deutscher Sprache vorliegenden Essays –, betrifft Alltag und Alltägliches.
Der Erzieher und Poet Janusz Korczak sprach frei von Jargon und Modewort, seine Sprache verdunkelt nicht, sie ängstigt nicht; seine Skizzen und Miniaturen enthalten keine »momentanen konjukturbedingten Ansichten«.
Korczaks Mißtrauen gegenüber dem, was sich als »Wissenschaft« ausgibt, war groß. Wer, wie er, dreißig Jahre Kinder beobachtet hat – das Sehen hatte er in der Schule der Medizin gelernt, nicht zuletzt an der Berliner Universität durch die Pädiater Baginski und Finkelstein –, wer Kinder dreißig Jahre gemessen und gewogen hat und dann noch urteilt: »Vielleicht ist das so . . .«, der darf auch Ammen und Maurer bessere Pädagogen als eine Diplompsychologin nennen, der darf schreiben: »Und ich würde gerade einen Säugling lieber einer rechtschaffenen Kinderfrau anvertrauen als einer Charlotte Bühler . . .«
Korczaks Stimme galt dem »Proletariat auf kleinen Füßen« (Igor Newerly); was er an Überlegung, Einfall und Intuition für die Erziehung in den Waisenhäusern und in den Sommerkolonien nutzte, hatte Aussicht auf »bestmögliche Ergebnisse bei geringster Verletzung der Menschenrechte«.
Mit Korczaks Geleit ist »Licht und Wärme, Freiheit und Freude« in die Kinderwelt zu bringen!
Korczak bleibt zuständig.

Erich Dauzenroth Adolf Hampel

I. Das Recht des Kindes auf Erzieher

1 Die Kaste der Autoritäten

Wir haben im Erziehungswesen eine nicht sehr zahlreiche Kaste der Autoritäten. Das Buch – ein dicker Band, besser zwei Bände; der wissenschaftliche Titel des Verfassers: Direktor, Dr., Professor. Gering an Zahl und Auserlesenem. Außerdem die riesige Schar der durchschnittlichen Mitarbeiter, das gemeine Volk der Praktiker. Höhen und Tiefen – und dazwischen ein Abgrund. Hier – Ziele, Richtungen, Parolen, Verallgemeinerungen, dort – mühselige Geschäftigkeit von einem Fall zum anderen. Staatsbürgerliche, moralische, religiöse Erziehung; Aufgaben und Pflichten des Erziehers; und daneben lebendige Menschen, die mühsam den eigenen Lebenspart auf dem Gebiet verantwortlicher, ununterbrochener, komplizierter, nicht in Schablonen faßbarer Arbeit spielen. Mühe, Anstrengung und Streben. Und vor allem Wachsamkeit.

»Es fällt schwerer, einen Tag gut zu durchstehen, als ein Buch zu schreiben.« – Das Ganze fügt sich aus Kleinigkeiten zusammen. Über die zerschlagene Scheibe und das zerrissene Handtuch, den schmerzenden Zahn, den erfrorenen Finger und das Gerstenkorn im Auge – den verbummelten Schlüssel und das gestohlene Buch; das Brot, die Kartoffeln und fünf Deka Fett – durch tausendfache Tränen, Klagen, Unrecht und Schlägereien – durch das Gewirr von Bösem, Schuld und Fehlern – muß man sich durchkämpfen und sein heiteres Gemüt bewahren, um zu lindern, zu stillen, zu versöhnen und zu verzeihen, um das Lächeln gegenüber dem Leben und den Menschen nicht zu verlieren.

Es gibt den Freundschaftsdienst und das Mitleid, das Bedauern und die Sehnsucht, es gibt trotz allem die ängstlich flatternde Freude im jungen Menschenleben – trotz Waisentum, Verlassenheit, Demütigung, Zurückgebliebenheit und Vernachlässigung. Man muß die Funken wahrnehmen und wenigstens am Leben erhalten, wenn man sie schon nicht entflammen kann.

Es ist schwierig, ihr würdigen Herren vom Katheder. Ihr – das heißt Vorlesungen. Wir – das sind jene, die müde, schläfrig, gereizt oder resignierend im Tretrad gehen.

Ich frage mich, was tun, um die aristokratische Theorie mit der demokratischen erzieherischen Praxis zu verschwistern, wie den ersten Schritt zu ihrer Annäherung tun. Ihr bewegt euch heute schon ausschließlich inmitten des ge-

schriebenen Wortes, in der Bibliothek und im Studierzimmer – wir sind mitten unter den Kindern. Das ist unsere Überlegenheit.
Außerdem, das gebe ich zu, sind wir geistig verwahrlost, verarmt, wenn nicht verroht (oh, wir haben seltene, außergewöhnliche Augenblicke mitreißender Erlebnisse, überaus heller Inspiration, heilige Momente der Andacht – selten und ungewöhnlich), aber wir wissen besser – nicht wie es überhaupt und überall ist, sondern wie es heute in unserem Speisesaal, Schlafsaal, auf dem Hof und auf dem Klosett aussieht. Wir wissen, wie und was los ist, wenn Józiek dem Franek in die Quere kommt oder Józiek gemeinsam mit Franek gegen die Heimordnung verstößt. – Ein Fiasko, Brüderchen, auf der ganzen Linie. Ich sehe, wie du mit einem Packen Papiere unter dem Arm Reißaus nimmst, und ein böses Lachen überfällt mich.
Zur Sache: Nicht verheimlichen. Ein Bündel Licht. Offenheit. Schamlose Bolschewiken besitzen den Zynismus, zuzugeben, daß man kriminelle Kinder in Kloakenlöcher sperrt. Ja: oben sind Öffnungen, und unten im ausgemauerten Exkrementenbehälter steckt ein nichtstraffähiger Halbwüchsiger für 24 Stunden. Aber sie haben darüber geschrieben. – Und was tun wir? Schreibt anonym, führt Beweise dafür an, daß man nach eurer Überzeugung nicht anders handeln konnte. – Nun, es war doch so: Der Halbwüchsige stürzte mit der eisernen Brechstange auf den Meister los, versuchte mit einem gestohlenen Revolver zu schießen, stahl ein Stück Leinwand und verkaufte es, riß fünfmal aus, versuchte sich als Brandstifter, machte einen kleinen Jungen zu seinem Sklaven, brach binnen einer Woche zweien die Knochen, dem einen das Schlüsselbein, dem anderen die Hand, einige bliesen der Katze mit einer Fußballpumpe Luft in den Mastdarm, bis sie platzte. – Was tun?
Gebt zu, daß ihr unter euren Bedingungen oder nach eurer Überzeugung nicht anders konntet. Die Autoritäten mögen sich herablassen, über praktische Aufgaben zu reflektieren. Es mußt der Zwang zum Schreiben existieren, der Zins der Erfahrung. Die Stille des Studierzimmers der Gelehrten sei dahin. Sie sollen Auge in Auge mit der Wahrheit, den Schwierigkeiten, dem Schrecken erzieherischer Arbeit konfrontiert werden.
Schreiben – nachlässig, ungelehrt, im Stil eines Fuhrknechts, nicht glätten, nicht verschönern. Dafür ist keine Zeit. Unsere Wahrheiten können kein Mandelkuchen sein, keine verzierte Pastete, im übrigen schreiben wir nicht für vornehme Menschen, die beleidigt oder verletzt sein könnten. Unsere Pflicht ist es, in alle Schlupfwinkel der Seele hineinzuschauen, uns nicht zu ekeln vor eiternden Wunden, nicht schamhaft die Augen abzuwenden.
Unsere Arbeit ist jung. Wir haben noch keine Geheimräte.

Unsere Gelehrten kämpfen noch mit der Armut, sind noch opferbereit und ehrlich. Hüten wir uns, solange noch Zeit ist, damit sich bei uns nicht nach dem Muster des Westens eine privilegierte und von den praktischen Aufgaben losgelöste Kaste der Autoritäten herausbildet – ihre Wissenschaft um der Wissenschaft willen.

2 Theorie und Praxis

Dank der Theorie weiß ich, dank der Praxis fühle ich. Die Theorie bereichert den Intellekt, die Praxis färbt das Gefühl, trainiert den Willen. – Ich weiß – bedeutet nicht, ich handele im Sinne dessen, was ich weiß. Fremde Anschauungen fremder Menschen müssen im eigenen, lebendigen Ich zum Durchbruch kommen. Aus theoretischen Prämissen folgere ich nicht ohne Wahl. Ich verwerfe – ich vergesse – ich umgehe – ich lüge mich heraus – ich schätze gering. Im Ergebnis habe ich eine eigene bewußte oder unbewußte Theorie, die mein Handeln leitet. Es ist schon viel, wenn etwas, ein Bruchteil der Theorie in mir ihre Existenz, ihre Daseinsberechtigung bewahrt, bis zu einem gewissen Grad eingeflossen ist, immerhin Einfluß ausgeübt hat. Häufig entsage ich einer Theorie, selten meiner selbst.

Die Praxis – das ist meine Vergangenheit, mein Leben, die Summe subjektiver Erlebnisse, die Erinnerung an erfahrene Mißerfolge, Enttäuschungen, Niederlagen, Siege und Triumphe, an negative und positive Empfindungen. Die Praxis kontrolliert mißtrauisch, sie zensiert und bemüht sich, die Theorie bei einer Lüge, einem Fehler zu ertappen. Vielleicht er, vielleicht dort, vielleicht unter den Bedingungen seiner Arbeit, denn ich, in meiner Arbeit, in meiner Werkstatt . . . Immer ist es anders. Routine oder Erfahrung?

Routine erwirbt ein gleichgültiger Wille, der auf der Suche nach Methoden und Methödchen ist, um die Arbeit zu erleichtern, zu vereinfachen, zu mechanisieren, um zur Arbeits- und Energieeinsparung den für sich bequemsten Weg zu finden. Routine erlaubt es, sich gefühlsmäßig von der Arbeit zu entfernen, beseitigt Unentschlossenheit, gleich aus – du erfüllst eine Funktion, amtierst geschickt. Für die Routine beginnt das Leben dort, wo die Amtsstunde der Berufsarbeit endet. Schon fühle ich mich leicht, ich habe es nicht nötig, mir das Hirn zu zermartern, immer wieder zu suchen, ja, nicht einmal zu schauen, ich weiß entschieden, unwiderruflich. Ich komme zurecht. So weit, um es mir bequem zu machen. Was neu, unverhofft, unerwartet ist, das ist hinderlich und macht zornig. Ich will, daß es gerade so sei, wie ich es schon weiß. Mit dem Gesetz der Theorie meine Anschauung stützen, sie nie negieren, nicht untergraben, in Verwirrung bringen. Die Skizze einer Theorie habe ich einmal in unwilliger Anstrengung verarbeitet zu einer Anschauung, einem Plan, einem Programm. Ich habe das irgendwie zusammengezimmert, denn ich bin sorglos. Du sagst: schlecht? Was soll man machen, es ist geschehen, ich werde nicht von neuem anfangen. Ideal der Routine ist Ungerührtheit, eigene Autorität, gestützt auf die Autorität ad hoc gewählter, ausgesiebter Thesen. Ich und andere (eine Reihe von Zitaten, Namen, Titeln). Erfahrung?

Ich beginne mit dem, was andere wissen, baue es so auf, wie ich dazu fähig bin. Ich will das – redlich, gründlich – nicht auf einen äußeren Befehl hin, unter der Drohung fremder Kontrolle, sondern aus eigenem, nicht erzwungenem guten Willen unter der achtsamen Aufsicht des Gewissens. Nicht um der Bequemlichkeit willen, sondern um mich selber zu bereichern. Mißtrauisch sowohl gegenüber fremder wie der eigenen Meinung. Ich weiß nicht, ich suche, stelle Fragen. In der Ermüdung härte ich mich und reife. Die Arbeit ist wertvollster Bestandteil meines höchstpersönlichen Lebens. Nicht das, was leicht, sondern was am allseitigsten wirksam ist. Durch Vertiefung kompliziere ich. Ich verstehe, daß Erfahrung leiden bedeutet. Viel erfahren – viel gelitten. Mißerfolg bestimme ich nicht durch die Summe enttäuschter Ambitionen, sondern – der erlangten Dokumente. Jeder Mißerfolg ist ohnehin ein neuer Reiz für gedankliche Anstrengungen. Jede Wahrheit für heute ist nur eine Etappe. Ich fühle überhaupt nicht voraus, wie die letzte sein wird, es ist gut, wenn ich das Bewußtsein der ersten Arbeitsetappe habe. Was besagt, wie ist diese erste Etappe erzieherischer Arbeit?

Wenn ich ohne Illusionen die Fakten werte, so glaube ich, am wichtigsten ist, daß der Erzieher fähig sein muß:

Jedem in jedem Fall völlig zu verzeihen.

Alles zu verstehen – heißt alles zu verzeihen.

Der Erzieher, gezwungen zu murren, zu nörgeln, zu schreien, zu schnauzen, zu drohen, zu strafen, muß in sich und für sich jede Ausschreitung, Verfehlung, Schuld nachsichtig beurteilen. Es ist schuldig geworden, weil es das nicht gewußt hat; weil es nicht überlegt hat; weil es der Versuchung, der Überredung erlegen ist: weil es etwas versuchen wollte; weil es nicht anders konnte.

Selbst dort, wo böser Wille am Werk ist, tragen jene die Verantwortung, die diesen bösen Willen geweckt haben. Ein milder, nachsichtiger Erzieher muß zuweilen den kollektiven Angriff haßerfüllten Zorns der Gruppe, der auf den brutalen Despotismus seines Vorgängers zurückgeht, geduldig durchstehen. Ein provokatorisches Trotzverhalten ist eine Probe, eine Prüfung, ein Prüfstein. Durchstehen, durchhalten – bedeutet siegen.

Erzieher ist nicht, wer sich empört, wer schmollt, wer einem Kind grollt, weil

es das ist, was es ist, wie es geboren ist oder wie die Erfahrung es erzogen hat.
Trauer, nicht Groll. Trauer, daß es auf schiefem Wege in die einsame Bahn seiner Bestimmung geht. Stures Tretrad oder scharfe Ketten. Es ist deshalb arm, weil es sich erst dahin aufmacht.
Jedes Gefängnis- oder Todesurteil, von dem wir in der Zeitung lesen, ist für den Erzieher ein schmerzliches Memento.
Trauer, nicht Zorn; Mitleid, nicht Rachsucht.
Schämst du dich nicht, daß du *wirklich* zürnst? Schau, wie klein, winzig, schwach und hilflos er ist. Nicht wie er sein wird, sondern wie er heute ist. In der Morgenfrühe ein paar freudige Rufe, azurblaues Lächeln. Das Kind kennt, fühlt die Tragweite seiner Gestörtheit voraus. Möge es vergessen, möge es sich erholen! Was für ein starker moralischer Hebel in seinem schmutzigen Leben wird es sein, wenn es sich manchmal an den einzigen Menschen erinnert, der ihm Wohlwollen entgegenbrachte, der es nicht enttäuschte. Der es kennengelernt hat, der davon wußte und doch wohlwollend blieb. Er – der Erzieher.
Man muß glauben, daß ein Kind nicht schmutzig, sondern nur beschmutzt sein kann. Ein kriminelles Kind bleibt ein Kind. Das darf man keinen Augenblick vergessen. Es hat noch nicht resigniert, weiß selber noch nicht, warum, es wundert sich, stellt bisweilen entsetzt fest, daß es anders, schlimmer ist – anders als alle. Weshalb? Es hört auf, mit sich zu ringen, wenn es resigniert oder – schlimmer noch – erkennt, daß die Menschen – die Allgemeinheit – sein inneres schweres Ringen nicht wert sind. Wenn es sagen wird: »Ich bin genauso, vielleicht besser als die anderen.«
Wie ehrlich und würdig ist die Arbeit eines Dompteurs wilder Tiere. Der Furie wilder Instinkte setzt der Mensch unbewegt den konsequenten Willen entgegen. Er herrscht durch den Geist. Der Erzieher muß mit angehaltenem Atem neue Wege der Dressur verfolgen – durch Milde, nicht mit Peitsche und Revolver. Und dabei ist das doch nur ein Tiger oder ein Löwe.
Es ist erstaunlich, wie ein brutaler Erzieher selbst sanfte Kinder rasend machen kann.
Ich verlange vom Kind nicht Besserung, ich dressiere seine Taten. Das Leben ist eine Arena – es gibt weniger und mehr geglückte Augenblicke. Es bewertet nicht sich selber, sondern die Taten.
Dem Erzieher, der nicht die Disziplin der klinischen Arbeit im Krankenhaus durchgemacht hat, fehlen viele Ausgangspunkte im Denken und Empfinden. Meine Aufgabe – als Arzt – ist es, Linderung zu bringen; wenn ich nicht hel-

fen kann, den Lauf der Krankheit zu bremsen; wenn ich sie nicht heilen kann, die Symptome zu bekämpfen – alle, manche, und – wenn man nicht anders kann – einige wenige. Das ist das erste. Jedoch nicht das Ende. Ich frage nicht, wie er – zum Schaden oder zum Nutzen – die Gesundheit gebrauchen wird, die ich ihm sichere. Darin will ich einseitig sein, möge er beschränkt sein. Ein Arzt, der einen zum Tod Verurteilten heilt, ist nicht lächerlich. Er erfüllt seine Pflicht. Für alles übrige ist er nicht verantwortlich.

Der Erzieher ist nicht verpflichtet, Verantwortung für die entfernte Zukunft auf sich zu nehmen – aber er ist voll verantwortlich für den heutigen Tag. Ich weiß, daß dieser Satz Mißverständnisse wecken wird. Man denkt es gerade umgekehrt, meiner Überzeugung nach falsch, wenn es ehrlich gemeint ist. Aber ehrlich? Vielleicht verlogen. Es ist leichter, die Verantwortung hinauszuschieben, sie in ein nebelhaftes Morgen zu übertragen, als schon heute über jede Stunde Rechenschaft abzulegen. Der Erzieher ist mittelbar auch für die Zukunft vor der Gesellschaft verantwortlich, aber unmittelbar trägt er Verantwortung in erster Linie vor seinem Zögling für die Gegenwart.

Es ist bequem, den heutigen Tag des Kindes geringzuschätzen im Namen erhabener Losungen für morgen. Moralisch aufbauen, das bedeutet paralleler – ein Gut hegen. Ein Gut hegen, das da ist, das entgegen den Lastern, Mängeln, den eingeborenen bösen Instinkten – existiert. Und Vertrauen, Glaube an den Menschen – ist das nicht jenes Gut, das man bewahren kann? Entwikkeln kann? Als Gegengewicht zum Bösen, das man manchmal nicht beseitigen, sondern nur mühsam in seiner Entwicklung bremsen kann.

Wie einsichtsvoller, milder ist das Leben als mancher Erzieher. Wie beschämend ist das.

Und wenn ein Mensch nach Jahren der Arbeit, in gedanklicher Anstrengung, nach schweren Erfahrungen endlich zu diesen Wahrheiten gelangt, nimmt er erstaunt wahr, daß eigentlich nichts Neues darin ist, daß die Theorie all dies seit langem verkündet, daß er dies seit langem gelesen, gehört, gewußt hat, daß er es jetzt darüber hinaus – dank der Praxis – auch geradeso fühlt.

Wer eine Divergenz sieht zwischen Theorie und Praxis, ist gefühlsmäßig dem Niveau der modernen Theorie nicht gewachsen, er muß nicht noch mehr Buchstaben aus Büchern lernen, sondern aus dem Leben, ihm fehlen keine Rezepte, sondern die in schwerer Mühsal errungene moralische Kraft, die Wahrheit zu empfinden, sich mit der Wahrheit der Theorie zu verbrüdern.

3 Gefühl

Kein Wunder, daß die Muskeln an Wert verloren haben. Nur noch als Erholung und Unterhaltung ist es ihre Aufgabe, den Geist in heiterer Frische zu halten, nicht zuzulassen, daß er ermüdet. Aber die Arbeit, der Wohlstand, die Bequemlichkeiten werden vom Eisen geliefert, das vom Gehirn angetrieben und gelenkt ist.
Kein Wunder, daß wir so sehr den Intellekt achten. Er hat es erlaubt, so viel zu erklären, zu bändigen, in Dienst zu nehmen; wir verdanken ihm viele effektvolle Siege. Im übrigen wirkt er offen, hat bereits aufgehört, ein Geheimnis zu sein, und läßt sich, in Zahlen gefaßt, messen und fast wiegen.
Wie bequem. – Ein glücklicher Zufall fügte es, daß irgendwann irgendein außergewöhnlicher Mensch etwas erfand – und schon hat die ganze Menschheit für alle Zeiten – ohne Verdienst und ohne Wert – sofort, umsonst – Nutzen, Gewinn, Profit. Also sucht man, stöbert, schnüffelt und wartet sehnsüchtig auf irgendwelche Edisons, Pasteurs und Mendels. Sie für uns: der reiche Onkel und die Meute der armen Verwandten.
Anders das Gefühl: es geht auf die Suche, wie man damit zu den Leuten vordringen, sie gewinnen und nähren kann. Zweitausend Jahre, und Christi Gesetz ist fast hoffnungslos untergegangen. Hier ist jeder von neuem und nur für sich allein. Im übrigen ist es zu flüchtig, um gegen das Wissen anzukommen. Maschinen und Texte sagen, ob jemand begabt ist, ob er etwas kann. Es bleibt aber das Tragische: will er überhaupt? Er könnte ja auch auf andere Art nützlich und wertvoll, geachtet und glücklich sein. Ist er deshalb ein Schädling?
Sie versuchen über den Intellekt an die Gefühle zu kommen. Es gibt die allgemeine Schulpflicht und gut gelüftete Schulgebäude. Es gibt schon weniger Fäuste und Bajonette, warum auch, wo es doch den Browning und Giftgase gibt.
Es gilt den Menschen zu erkennen, also in erster Linie das Kind zu prüfen und auf tausenderlei Weise zu erproben! Andere können es – warum soll ich schlechter sein? Also tue auch ich das – unwissenschaftlich, hausbacken schaue ich mit unbewehrtem Auge.
Und mir scheint, der Intellekt unterscheidet uns gar nicht. Ich sehe keinen Unterschied.

Die Kinder und ich – der gleiche Prozeß des Denkens – alles das gleiche, nur lebe ich länger.
Aber auf dem Gebiet der Gefühle ist das Kind anders. Also gilt es nicht nur zu begreifen, sondern mit ihm mitzufühlen: sich kindhaft freuen und betrübt sein, lieben und zürnen, beleidigt sein und sich schämen, Furcht haben und Vertrauen. Wie man es selber machen soll, und wenn das gelingt, wie es den anderen beibringen?
Die Pädologie – vielleicht sage ich etwas Törichtes – muß sehr viel von der körperlichen Entwicklung des Kindes und erst recht viel von den Gefühlen sprechen; der Intellekt kommt erst am Ende.

4 Der Erzieher als Verteidiger

Zu Recht besteht das Prinzip, daß ein Arzt den Kranken pflegt, der zum Tode verurteilt ist. Zu Recht wird er durch einen Priester mit Gott versöhnt. Den Arzt kümmert der moralische Wert des Patienten nicht. Ich erinnere mich an die beschwerliche nächtliche Operation an einem notorischen Kriminellen. Ein Messer war ihm in den Bauch gestoßen worden. Telefonisch wurde der Chirurg, ein Oberarzt, herbeigerufen und Hilfe mobilisiert. Lange zog sich die Genesung hin. Auf mich (als Student) machte diese Tatsache einen starken Eindruck; sie gab mir Mut. Wenn doch die Erzieher durchdrungen wären vom Geist selbstloser Sorge gegenüber kriminellen Kindern. Man sorgt für den heutigen, heiteren, lindernden Tag – um die Zukunft mögen sich die Sicherheitsbehörden kümmern. Ich werde verbissen immer wieder auf die Verteidigung eben dieses Grundsatzes zurückkommen, entgegen der landläufigen Formel vom künftigen Glied der Gesellschaft, vom künftigen Bürger. Wer die Kindheit überspringen will und dabei in die fernliegende Zukunft zielt – wird sein Ziel verfehlen. Der Priester vernachlässigt den Augenblick des diesseitigen Lebens im Angesicht der Ewigkeit, er trennt die Nachricht Gottes vom Maß menschlicher, strenger Gerechtigkeit. Darin liegt ein tiefer Gedanke.

Es ist richtig, daß man einen psychiatrischen Experten vor Gericht lädt. Man wartet nicht ab, bis die exakte Wissenschaft eine Entscheidung fällen, sichere Hinweise geben wird. Man lädt ihn vor, damit er zusammen mit dem urteilsprechenden Gericht die Wahrheit errät. Es war eine berühmte Sache, als zur Verteidigung angeblich der Moral ein Mensch auftrat, der in seiner Jugend wegen Diebstahls bestraft worden war. Wenn ich als Erzieher den Totschläger zu verteidigen hätte, würde ich das ganze Gebäude der Verteidigung auf die Tatsache stützen, daß er in früher Jugend etwas stahl oder raubte und für seine Schuld schwer büßte. Schroff hielt man ihm während der Verhandlung die kleine, zurückliegende Verfehlung vor und wertete sie zu Unrecht als belastendes Moment (kriminell in der Verteidigung der Moral).

Ich werde als Erzieher versuchen, mit den Worten des Angeklagten zu reden. »Meine Herren Richter, ich habe nicht einen Menschen getötet, sondern die verkörperte Tragödie des eigenen Lebens. Als junger Bursche habe ich gestohlen. Die unerbittliche Gerechtigkeit legte sich mit ihrem ganzen Gewicht auf meine Schultern. Ich habe die Strafe verbüßt. Nicht genug damit, ein Flecken blieb zurück. Ich wechselte den Namen, verleugnete mich selbst. Gezwungen, mich zu verstecken, zitterte ich, daß in einem bestimmten Augenblick die Wahrheit an den Tag käme. Das graue, einförmige Leben als Sergeant im Ambulatorium war eine Qual für mich. Mit Mühe und Not bändigte ich meine aufsässige, vielleicht kriminelle Natur. Ich trug dreierlei Ketten: das begangene und verheimlichte Verbrechen, die verborgenen Neigungen, mit denen ich unter höchster Kraftanstrengung ringen mußte, und die militärische Disziplin. Und da lese ich Tag um Tag in einer Reihe von Zeitungen, daß ein großer Verbrecher in Überfluß und Ehren lebte, und als man ihn nicht mehr länger beschirmen konnte, da setzte man sanft und vorsichtig, um ihn nicht zu beleidigen und nicht zu verletzen, den riesigen Gerichtsapparat in Gang, um ihn mit großem Pomp – ich erzitterte bei diesem Gedanken – freizulassen. Und ich? Ein Kind – wegen einer gestohlenen Hose – unerbittlich – und für das ganze Leben.«

Ich rate auf Distanz. Ich kann mich irren, doch ich suche die Wahrheit auf einer ganz anderen Ebene. Denn ich kenne ein Kind mit bösen Neigungen – unruhig, jähzornig – in schwerem Ringen mit sich selbst.

Eine andere Sache. Die Hinrichtung des »Rothaarigen Janek«. Eine klare Diagnose: beschränkt, einem Banditen hörig, ausgenutzt von ihm, mißachtet, ein Automat, der unter Suggestion und unter Druck handelt. Die Zeitungen beschrieben, wie das Urteil an dem resignierenden, wie ein Ochs zur Schlachtbank gehenden beschränkten Wesen vollzogen wurde. Wieviel besser hätte man den erzieherischen Moment des Prozesses genutzt, wenn man die Kindheit des Verbrechers genau untersucht und eine Warnung an die Eltern von Kindern gerichtet hätte, die leicht bösen Einflüssen unterliegen: daß Bandenführer gerade solche Kinder suchen, die sich ausbeuten lassen und von passiver Fügsamkeit sind.

Eine andere Sache. Ein Schüler tötet den Direktor, weil er ihm befahl, sich die Haare zu schneiden. Nein, hier verbirgt sich ein Geheimnis, das der Erzieher zutage fördern muß. Es geschah nicht so.

Was machte die Presse? Feige und ratlos spielte sie das herunter. Sie hat es nicht gewagt, eine Überschrift zu setzen, die sich aufdrängte: »Ein Bandit – ein Dummkopf«, »Ein Spitzbube und Schafskopf«. Wenn es wahr ist, so muß man gerade so den Mord eines Selbstmörders bewerten, muß ihn lächerlich machen und herabsetzen, damit er für die Jugend kein Held ist. Ich frage mich, wie es geschehen konnte, daß ein solches Individuum so lange unerkannt blieb?« Die Schule, an ihrer Spitze der getötete Direktor, verbarg einen Banditen oder einen Tobsüchtigen – und sie hat fühlbar dafür gebüßt. Wegen des allgemeinen Wohls hat die Presse auf Sensationen verzichtet. Täuschen wir uns jedoch nicht. Ähnliche Fälle wiederholen sich bereits, mal hier, mal dort, man wird immer lauter schweigen müssen. Höchstens eine Gesellschaft von Frömmlerinnen wird eine Verlautbarung über die Demoralisierung einsenden.

Daß ganze Gebiet des Lebens für die Juristen ein unbekanntes Land sind, davon hat mich die detaillierte und gewissenhafte Arbeit von *Ettinger* überzeugt: »Der Verbrecher im Lichte der Anthropologie und Psychologie«. Ich nehme nur ein Beispiel. Ettinger sagt: »Man kann mit Entschiedenheit behaupten, daß eine Frau überhaupt nie vergewaltigt wird.« Was für eine Naivität – was für ein Nichtwissen vieler Tatsachen, wenn der von einem Kindermädchen oder einer Pflegerin Verführte ein Junge im Kindesalter ist (der häufig sogar angesteckt wird), welche Ignoranz in bezug auf die Jugendlichen früherer Zeiten, als Jungen vergewaltigt zu werden pflegten. Gibt es unter den Opfern der unvollkommenen heutigen Kriminalistik nicht deshalb so viele Unausgeglichene, weil die Ausgeglichenen ihre Verbrechen so gerissen begehen, daß nicht nur sie selber im verborgenen bleiben, sondern meistens die Tatsache des Verbrechens selber unentdeckt bleibt? Hat eine Frau, die Essen kocht, nicht die Möglichkeit, es so zu vergiften, daß der Vergiftete eines natürlichen Todes – an Nierenentzündung oder Herzaneurisma – stirbt?

Der Advokat führt die Verteidigung, er versucht die Richter zu rühren und belehrt die weite Allgemeinheit, aber sowohl er wie auch der Staatsanwalt erörtern das letzte oder mittlere Kapitel der Geschichte. Der Experte erforscht heute den Zustand seines Geistes. Die Vergangenheit findet in den seltensten Fällen Erwähnung. Ich frage mich: Wie reifte eine kriminelle Tat in einer langen Zahl von Jahren, über welche gewundenen, dornigen Wege ging der Geist, bevor er sich in der Schlinge fand? Es ist wahr: es gibt den Beichtvater. Er kann die Geheimnisse des Delinquenten erkennen. Welch riesiger Schatz jahrhundertealter Erfahrungen. Ein unzugängliches Material, verhüllt vom Beichtgeheimnis.

Neben dem Verteidiger, der die Paragraphen der geschriebenen Gesetze kennt, verlange ich Platz für den Erzieher, der die Geheimnisse der ungeschriebenen Gesetze kennt.

Wenn es seinerzeit Spezialschulen gegeben hätte, vielleicht wäre der »Rothaarige Janek« nicht erschossen worden.

Ich verstehe die Schwierigkeiten. Der Angeklagte wird die Zuhörer rühren wollen durch Einzelheiten aus seiner Kindheit, er wird sein Schicksal und sein unstetes Leben beschreiben, er wird lügen, denn es wird sich schwer prüfen lassen. Doch *schwer* bedeutet nicht unmöglich. Es wird sich ein Schulkamerad finden, ein Gefährte von den Jagdzügen in den fremden Garten. Wieviel wertvolles Material erhielte die Pädologie, ich füge hinzu: die Soziologie, wieviel Hinweise und Warnungen die passive und unbewußte Elternschaft – im Gerichtsverfahren. Wieviel tägliche Bilder vom Hof, vom Hausflur, vom Platz und Markt würden vorbeiziehen.

Wenn das Urteil nicht Rache sein soll, wenn das Gefängnis Lehranstalt sein will – will ich meinen Zögling bei seiner letzten Prüfung begleiten, nicht nur um ihn zu stützen, sondern auch um mich selber zu kontrollieren: ich habe Fehler gemacht, weil ich nicht vorauszusehen verstand oder, voraussehend, nicht vorzubeugen vermochte.

Ich werde mich nicht darauf versteifen. Wenn es ein unglücklicher Gedanke ist, so möge er eine fehlerhaft gedruckte Seite bleiben. Wenn er realisiert werden kann, so wird er – wenn hier auch unbemerkt – anderswo zutage treten. Ich möchte jedoch, daß ein kompetenter Jurist sich zu Wort meldet. Ich kenne das Gericht nicht, dies ist für mich ein fremdes Gebiet. Wenn ich mir erlaubt habe, das Wort zu nehmen, so deshalb, weil ich als Erzieher kleinster Kinder sehe und traurig daran denke, daß sie vielleicht in Zukunft vor einem Gericht stehen könnten. Wie es scheint, gibt es eine kriminalistische Gesellschaft. Lohnte es sich nicht, einen Abend der Diskussion zu widmen?

Wir haben das *Recht*, in Strafprozessen zu sprechen, ja sogar die Pflicht. Das erzwungene Schweigen quält uns.

5 Ein ehrgeiziger Erzieher

»Der richtige Mann am richtigen Platz.« Im Zusammenhang mit der Frage der Bereitschaftsdienste, der Mitarbeit von Kindern im Internat, kam ich mehrfach auf die Frage zurück, wie man im sozialen Leben Ordnung erreichen, Fehler, Mißverständnisse, Anschuldigungen, Konflikte, Vergehen, Entgleisungen, Kämpfe und Tränen vermeiden könnte, wenn klar wäre, wo wessen Platz ist: damit ein *hier* unachtsamer, ungeschickter und Ärgernis gebender Mitarbeiter auf einem anderen Gebiet nützlich, ja aufopfernd tätig wäre. Er ist zufrieden, wenn er Ziegel schleppt, Holzscheite trägt, ein tiefes Loch gräbt, mit der Axt zuschlägt. Es heißt, daß er das mag, daß er sich in seinem Element fühlt wie »der Fisch im Wasser«. Wenn du ihm den Auftrag gibst, zu nähen, Kartoffeln zu schälen, zu schreiben, ein Gedicht zu lernen – wird aus dem heiteren, Anerkennung verdienenden Menschen ein ungehorsames, dickköpfiges, streitsüchtiges, boshaftes und verlorenes Individuum. (Es wäre angemessen, in den Lehrerseminaren Filmaufnahmen zu zeigen: ein Fisch im Wasser und außer dem Wasser, ein Junge, der Bretter auf einen Platz schleppt, und der gleiche im Klassenzimmer über einer Arithmetikaufgabe.)

Ich unterschätze die Versuche und Werke über Charakterologie nicht, sie erscheinen mir jedoch allzu sehr ex cathedra, gleichsam überklug – vielleicht auch nur losgelöst von der grauen Beobachtung kleiner Einzelheiten des Alltags. Nicht die Psychotechnik wirkt abschreckend, sondern die dünkelhafte, provozierende Selbstsicherheit. Zu Verallgemeinerungen kommt man nur über die Gliederung zahlreicher Beobachtungen und die Zusammenstellung und gründliche Abwägung kasuistischer Fälle (Patient XY, soundso alt, heute so, nach einem Jahr so, am Morgen anders; wenn er sitzt, atmet, hustet usw.). Und ferner durchs Experiment – und seine Kontrolle.

Wechsel des Dienstes, Wechsel des Arbeitsgeräts, die Wirkung eines fachgemäßen Hinweises, eine Mahnung, ein Wechsel des Partners und dessen, der die Arbeit beaufsichtigt – das ist das Feld der legalen, im Erziehungswesen zulässigen Versuche. Oft erleben wir die Tatsache, daß die erste Seite eines neuen Hefts sich durch sorgfältigere Schrift auszeichnet. Liegt's an der guten Feder? Wenn ich dem Kind eine Bürste (einen Besen) gebe, wie es sich gehört, erwarte ich zu Recht, daß es gut saubermacht; gute Kameraden erfüllen einen gegebenen Auftrag ohne Streitereien; doch ein schroffer Befehl weckt Widerspruch und Gärung. »Es arbeitet sich so lustig mit ihm; er weiß sich Rat.« Es kann auch so sein: er verhehlt, daß gewöhnliche Arbeit ihn befriedigt, oder: er ist müde geworden und hat die Lust verloren, bevor er die notwendige Erfahrung beim Aufsichtführen, in der Ökonomie der Kräfte erworben hat. Bevor man also ein Kind damit beauftragt, den Fußboden zu scheuern oder zu bohnern, muß man das vielfach selber gemacht haben und sehen, wie das die Kinder machen, man muß aufmerksam hören, was sie sagen. Man muß imstande sein, den Wischlappen auszuwringen; man muß die Geheimnisse des Strohsacks und des Strohs kennen, bevor man das Kind heißt, ein Bett glatt zu machen, wie das die kasernenhafte Ästhetik am Tage und die Bequemlichkeit bei Nacht verlangt: damit das Stroh nicht piekt, damit es nicht schnell zu Häcksel zerrieben wird, damit man nicht nach vielen erfolglosen Bemühungen, im Schlaf eine bequeme Position einzunehmen, aus dem Bett fällt (folgende Filme könnten nicht schaden: ein Hund, der sich zum Schlummern hinlegt, und ein Kind, das »so schläft, wie es gebettet ist«).

Ich werde ein nachsichtiges Lächeln oder eine Grimasse des Mißbehagens hervorrufen, wenn ich sage, daß ebenso würdig ein zweibändiges Buch über Waschen und Wäscherinnen wäre wie über Psychoanalyse, daß die Küche und eine Suppe mehr Intelligenz und Initiative erfordern als ein bakteriologisches Labor und ein Mikroskop. Und ich würde gerade einen Säugling lieber einer rechtschaffenen Kinderfrau anvertrauen als einer Charlotte Bühler. Eben davon spreche ich.

Viele Jahre beobachtete ich Reihen junger Adepten der Erziehungskunst. Sie waren unterschiedlich. Von dem einen denke ich traurig: ›Der kommt nicht zurecht, der arme Kerl, eigentlich schade‹, und von dem anderen seufzend: ›Er wird zurechtkommen, leider, viele Jahre wird er unter den Kindern grassieren wie eine chronische Schnupfengrippe mit Glieder- und Seelenreißen‹. Entsprechend der Überschrift will ich den zwar pflichttreuen, aber ehrgeizigen Erzieher erwähnen.

Schattierungen; Arten; Individuen. Ein Thema für einen dicken Band.

Der eine hat Zweifel, ein peinlich genauer Mensch, er beschuldigt abwechselnd sich selber (seltener), die Kinder (häufig), die Arbeitsbedingungen (immer).

Der andere weiß etwas, ist fähig, kann etwas – er badet in eigenen Leistungen und Erfolgen, es kommt nicht darauf an, daß es auf den Trümmern zertretener Herzen und Hirne, auf Trümmern der Freude zur Arbeit, zum Buch und zum Leben geschieht. Biegen oder brechen, entwurzeln – das eigene oder von oben befohlene Verständnis von Ordnung, Reinlichkeit, guter Position, von Pflichtgefühl für Taten, ja das Verständnis für physisches Wachstum herauspressen, erzwingen, mit Gewalt herbeiführen. »Du mußt essen, weil es gesund ist, weil ich mit dem Riemen oder der Rute nachhelfe; du darfst kein Wasser trinken, weil es ungesund ist.« Du mußt schlafen, du Hundskerl, weil sie es so auf dem Lehrgang gesagt haben, weil eine Autorität es geschrieben hat.

Denn man will sich legitimieren, man zeigt mehr und Besseres, als die Behörde verlangt; denn man erinnert sich aus eigenen Jahren, wie es mit einem selber war. Jedes Kind auf die eigenen Begriffe und Dogmen hin beugen, es ziehen, erziehen im Sinne der eigenen Absichten und Berechnungen. Alle in der Klasse müssen schon bis zehn zählen, auf dem Fußboden kein Stückchen Papier, im Heft kein einziger Klecks. Wer nicht so handelt, ist ein Todfeind; er aber giert nach Siegen, Applaus, Triumphen.

Aufmerksam hielt ich unter den Kindern nach zukünftigen Erziehern Ausschau. Und ich beobachtete mit Sorge, wie man die Ehrgeizlinge mit der Mentalität von Gefängnisaufsehern zur gesellschaftlichen Arbeit im Bereich der Klasse zwingt, die energischen Misanthropen, die betriebsamen und aktiven Karrieristen (bei den Kindern heißen sie: Speichellecker, Scheinheiliger, Fuchs), schließlich die Eigenbrötler – die Einsiedler, die Intellektuellen. »Wenn du wolltest, würdest du es begreifen und können.« Gerade im Gegenteil: »Wenn ich könnte, würde ich wollen.«

Ein Kind, das viel liest, vernünftig, aufmerksam zuhört und interessante Fragen stellt, aber dem Altersgenossen die Antwort verweigert, ihm nicht hilft, ihm nichts erklärt – das ist sofort nur ein reicher Knauser (unkameradschaftlich, gerissen, neidisch). Das mißmutige Verhältnis ihm gegenüber verwandelt sich in eine Einstellung des Hasses, wenn man ihm erlauben wird, sich anmaßend zu benehmen, man wird von der Gruppe Privilegien verlangen, wenn er als Muster vorgezeigt wird.

Was ist gesünder, edler Ehrgeiz und Wettbewerbssinn, was ist entstellter, falscher, entarteter Ehrgeiz? Zur Schau, um der Spekulation willen? Wieviel Pferdekräfte, was bewegt diesen Motor, die Ziele des Bemühens?

Wieder: zwei Bände – und jede zweite Nummer der pädagogischen Zeitschrift mit Beobachtungen, mit Statistik, leidenschaftlicher Polemik, mit einer Kasuistik von Fällen. Anatomie, Physiologie und Chemie des Ehrgeizes: des Politikers, des gesellschaftlich Aktiven, des Erziehers.

Der Junge A., fünf Jahre, sieben Jahre, zehn Jahre alt. Milieu, Gesundheit, Kraft, Anmut, Grazie. Vorhanden – nicht vorhanden. Hat Ehrgeiz: er will Wohlwollen oder Gehorsam und Hegemonie aus der Erde stampfen, oder er will sie erschachern, erringen (wie?) oder erzwingen.
Der Junge B., fünf Jahre, sieben Jahre, zehn Jahre alt. Milieu, Gesundheit, usw. Er hat keinen Ehrgeiz, lebt im Schatten des Willens, im Abseits. Er hat Werte oder nicht, verlangt oder gibt, wie verhält er sich nehmend oder gebend, wie, wenn er auf Ablehnung, Widerspruch, ein Hindernis stößt?
So wie in der Medizin: der Patient A., der Kranke B. Soundsoviel. Beschwerden, eine objektive Untersuchung. Dann die Diagnose. Erst danach die Verschreibung: Diät und Heilung, die Anweisung, wie er leben, arbeiten soll, und – ebenfalls nur in Form eines Hinweises – der Versuch zur Überprüfung.

Durch Komplexe hindurch, durch Traumata, Halbbewußtsein (denn auch das gibt es), durch Unterbewußtsein, durch Minderwertigkeits- und Überwertigkeitsgefühle (Position des Vaters, gutes Gedächtnis, Begabung fürs Zeichnen, Singen, für Sport, für Tanz und Autorenauftritte oder ein schönes Kleid), wird der aufmerksame Beobachter unter den Berühmten und Bekannten mit geschultem Auge Stille, Bescheidene, Graue und Verkannte erblicken; denn sie bringen nicht mehr, als daß sie gut sind, ihnen bereitet (kurz gesagt) die Träne des Kameraden Schmerz, und sie nehmen Anteil an dessen Freude.
Wir wissen nur zu gut, daß Kinder sich streiten, sich schaden, einander boshaft zusetzen, sich schlagen, nun – und auch einander verderben, einen schlechten Einfluß ausüben. – Du bist ein ordentlicher Junge, laß dich nicht mit ihm ein, er wird dich verderben. Ein erstaunter Blick, ein mildes Lächeln: – Vielleicht werde ich ihn bessern? Und er hat ihn gebessert. – Spiel nicht mit ihm, er ist ein Strolch – er sucht Krawall, er schlägt alle. – Zu mir ist er gut.
Das kommt vor: ein Hilfloser, Grauer, Naiver, scheinbar ein Dummerjahn – ist regsam, wachsam, erfinderisch und beobachtet scharf: im Nu wächst er vom Boden auf, wenn jemand von den Altersgenossen etwas verloren hat und es nicht finden kann, geduldig löst er ihm den Knoten seines Schnürsenkels, umsichtig und taktvoll, und mutig nähert er sich dem rebellierenden Krakeeler und fragt flüsternd: »Warum weinst du?« – und geht ohne Groll davon, wenn er hört: »Was geht das dich an?« Oder er besänftigt ihn.
Aber auch er kann – selten, doch es kommt vor – die Geduld verlieren. Eine Explosion berechtigter Empörung. Ich sah so einen Kampf: er stürzte sich

auf den Stärkeren und siegte, weil er ihn überraschte, er setzte den Spitzbuben in Erstaunen: »Da stürzt so ein Schwächling auf mich los – so ein Mistkerl.« Die Stärke gereizten Ehrgeizes im Kampf gegen die Frechheit der Gewalt, der Ungerechtigkeit. Was für ein unerträglicher Fehler wäre es, diesen würdigen Kampf brutal zu unterbrechen, das betreffende Kind vielleicht geringzuschätzen oder zu rügen: »Was, auch du?« – »Ich wußte nicht, daß du nur den Unschuldigen mimst«, oder: »Ein Waschlappen, und macht sich ans Kämpfen.«

Intuition, nicht Mitleid, sondern Begabung, die Eigenschaft, mit Benachteiligung und hilflosem Mißgeschick mitzuempfinden – wieder ein Thema für eine Arbeit von mehreren Bänden. Und vielleicht erwiese sich im Ergebnis der Studien, daß diese Kinder Kandidaten für Erzieher, nicht für Sozialaktivisten sind – und eben ohne falschen Ehrgeiz.

Am Rande eine Bemerkung: verschiedene Typen – der Bettler, der Schnösel, der Betrüger, der Schuldner ohne Deckung, der Dieb und Bandit. Der eine: »Gib, du siehst ja«, der zweite: »Sei kein Schwein, hilf deinem Kumpel«, der dritte: »Gib, dann gebe ich dir was, dann erzähle ich dir was«, der vierte borgt, der fünfte stiehlt, und der letzte sagt: »Warte mal, ich polier dir die Fresse.« Und die ganz anderen – der Führer, der Politiker, der Bildungsarbeiter, der minderjährige Pädagoge.

Ich legte mir in Gedanken folgendes Spiel, folgendes Gedankentraining zurecht: ich suchte nach Erziehern unter den Handwerkern (den Schustern, Maurern, Hökern, Hausmeistern, Straßenbahnschaffnern) – unter Menschen des grauen Alltags. Quasi nur eine Kellnerin, doch das Lächeln, der Schritt, die Gestik, der Blick – die Handlungen – ohne Schulung, doch erstaunlich zielsicher, erzieherisch. Vor langer, langer Zeit fand ich unter Prostituierten eine Pflegerin: viele Jahre arbeitete sie im Kinderkrankenhaus; und ähnlich für ein Internat für Blinde, für geistig Behinderte.

Und hier ein Eindruck, denn ich würde nicht wagen, das aufgrund loser, unmethodischer Beobachtungen mit Entschiedenheit zu behaupten: zur erzieherischen Arbeit drängen die Ehrgeizigen, die Probe der Zeit bestehen die Farblosen und Unbestimmten, es meiden sie mißtrauisch die – Guten; im ersten erwacht Bitterkeit und das Gefühl der Enttäuschung, der zweite läßt sich leicht demoralisieren und wird träge, der dritte fühlt, daß es anders sein muß, aber er weiß nicht wie, im übrigen, wer wird ihn um seine Meinung fragen – er soll machen, was ihm obliegt: obwohl verlacht, könnte er viel sagen, Erbarmen zeigen und erklären.

Wenn jemand sein Leben dafür widmen will, eine solche einleitende zweibändige Arbeit zu schreiben, möge er die Ansichten der Schulmeister, der Dienstboten in den Waisenhäusern, der Aschenputtel der Kinderpflege, nicht nur die Meinung der Stabsoffiziere berücksichtigen.

6 Eine falsche Voraussage

Der Vater des Mädchens hat die Familie verlassen, ein Intellektueller, »gut, aber leichtsinnig«. Mehr weiß ich nicht. Die Mutter verdient den Lebensunterhalt mit Nähen – sie ist Näherin, nicht Schneiderin. Der Großvater mütterlicherseits ist ein Handwerker von altem Schrot und Prinzipien.

Das Mädchen zählt dreizehn Jahre, gesund, über ihr Alter hinaus entwickelt, sehr hübsch, träge, starrköpfig, sehr naschhaft, undiszipliniert, eine Egoistin, verschlossen (verbissen). Die zwei Jahre jüngere Schwester ist fleißig, häuslich, eine gute Tochter, eine gute Schülerin.

Zwei Zimmer, davon eines vermietet an ein junges Ehepaar; wertvolle Untermieter; vor einer Woche sind aus deren Zimmer hundert Zloty verschwunden. – Ich habe gebeten, ich habe sie beschworen, das erstemal habe ich sie geschlagen – es hilft nichts, sie gibt es nicht zu.

Rebellierend (so schien es mir) wartet sie auf das Verhör. – Hast du es genommen? Schweigen. – Vielleicht hast nicht du es genommen? Schweigen. Auf eine Reihe belangloser Fragen: In welcher Klasse, in welcher Bank, wie heißen die Klassenkameraden, wie heißt eure Klassenlehrerin, keine Antwort. – Vielleicht willst du, daß die Mutter aus dem Zimmer geht? – Willst du mit mir sprechen? – Weißt du, weshalb ich zu dir gekommen bin? Schweigen. Ich gebe ihr ein Buch: – Lies vor. Einen Augenblick des Zögerns, dann liest sie einige Zeilen. – Lies weiter. Schweigen. – Du kannst hinausgehen.

Sie war immer so. Sie hat mittelmäßig gelernt, zuletzt schlecht. Immer mußte man das Geld vor ihr verstecken, die Schränke abschließen. Nie hat sie teilgenommen an den Sorgen der Familie. Sie hat gelogen. Sie war ganz wild auf Schokolade. Wenn der Großvater es erführe, würde er sie umbringen. – Ihre Schwester putzt ihr die Schuhe, stopft ihr die Strümpfe; selber hilft sie niemandem. – Was sollen wir machen?

Ein schwerer Fall. Heute vernascht und faul, wird sie in ein paar Jahren mit Sicherheit sinnlich sein. Schönheit, mangelnde Obhut, Leichtsinn, Selbstherrlichkeit – das Gebiet der Großstadt und ihre Versuchungen. Die Mutter wird mit ihr nicht fertig werden. Weder vor dem Großvater noch vor der Schule darf man die Tatsache(?) unterschlagen. – Sie werden sie aus der Schule werfen. – Ein Besserungsheim (was für eins?). Vielleicht zu einer Familie irgendwo in einer kleinen Stadt, auf dem Lande?

Der Arzt hat Krankenhäuser, Präventorien, Sanatorien, Klimastationen. Es existiert eine Organisation für die Unterbringung psychisch Kranker auf dem Dorfe bei Familien; sind die Ergebnisse, wie es heißt, günstig?
Ich fragte einen Lehrer: – Was macht bei euch der Schulpsychologe? – Er unterhält sich mit den Jungen; sie machen sich lustig über ihn; in der Lehrerkonferenz belehrt er uns ständig über das kritische Alter. – Und was kommt heraus? – Nichts. – Könntest du ein paar Fälle anführen, wo er trotzdem geholfen hat? – Redliches Nachdenken. – Ein paar nicht, aber einen Fall hat's gegeben. Eine Mutter hat sich unter anderem beklagt, daß ihr Junge sich mit schmutzigem Schuhwerk auf das gemachte Bett gelegt hat; er hat ihn überzeugt und erreicht, daß er sich aufs Sofa legt.
Ein unangenehmes Gefühl der Erniedrigung darüber, daß ich weder raten noch trösten kann. Schlimmer noch, das Problem der pädagogischen Beratungen selber ist es, das mich verspottet. – Man spricht viel über die Vertrauenskrise sogar in der Medizin – also ist auch hier wohl ein Feld für den Quacksalber, den Betrüger, wenn die Wissenschaft enttäuscht?
Nach ein paar Jahren kommt das Echo der verfehlten Beratung. Trotz meiner düsteren Voraussagen hat sich das Mädchen gebessert, wie es heißt. Was noch verwunderlicher ist, ihre Mutter scheint mir dankbar zu sein. – Mißtrauisch nahm ich die Nachricht von der angeblichen (?) Besserung entgegen. Sicher ist sie jetzt älter, verbirgt geschickt ihre Vergehen?
Ein paar weitere Jahre gehen dahin. Ich erhalte diese Berichte unmittelbar von der Mutter. Also: das Musterbild eines Mädchens und einer Tochter. Die beste Schülerin, geliebt und geachtet von den Kameradinnen und den Lehrern, eine Pfadfinderin, aktiv in den Organisationen der Schule. Sie gibt Nachhilfestunden und liefert den Verdienst bis auf den letzten Pfennig ab. – Heiter, wohlwollend, gehorsam, bescheiden, eine Vertraute, eine Freundin der Mutter.
Damals nahm die Klassenlehrerin sie unter ihre Obhut, der Großvater verzieh ihr; sie wohnte bei ihm. Sie gab den Rest der hundert Zloty zurück. (Wie überraschungsreich ist das Leben. Denn hier tritt ein Fall zutage, der nicht zu glauben ist.)
Dem Großvater kommen fünf Zloty aus der Weste abhanden. Das Mädchen sperrt sich, schließlich bekennt sie sich unter Druck zu dem Diebstahl. Nach einer gewissen Zeit findet der Großvater die verlegten fünf Zloty. Diesmal hat sie sie nicht genommen. – Ein Umbruch. – Berechtigte Vorwürfe bedrückten sie, ein ungerechter Verdacht heilte sie.
Vielleicht ein Zufall – vielleicht der Einfluß des Schocks – eine geistige

»Umstimmung«? – Naive Suche nach Gründen. Jetzt ein anderes Ereignis. Ein Internat. Ein weiblicher Zögling von vierzehn Jahren, mit schlechter Beurteilung. Ohne anzuklopfen, geht sie in die Kanzlei, um als Diensthabende die Scheibe mit dem Wischlappen zu putzen. Zu allem Übel schlägt sie die Tür laut zu. Sie wird heruntergemacht. Die nervösen Erzieher kennen solche Ausbrüche, die ehrlichen schämen sich ihrer und fürchten sie. So mit Worten prügeln, so einen Menschen schnöde behandeln – das vermag nur pathologische Ungeduld: Drohung, Schimpfworte, aufstachelnde Ermahnungen, boshafte Invektive. – Du hast das absichtlich gemacht, du bist so und so eine, ich werde dich so und so anfassen, du denkst, ich habe das und jenes vergessen.

Zur Antwort ein Blick – nicht dreist, nicht ängstlich, nicht gleichgültig, eher verwundert. – Was ist geschehen? – Mach dich sofort weg. Nach einigen Augenblicken trifft man sie am Ende des Korridors, den Blick durchs Fenster gerichtet. Daneben auf dem Fenster eine Schüssel mit Wasser und der Wischlappen! Vorsichtig, als Mittler, trete ich zu ihr.

– Ärgere dich nicht; das Fräulein ist müde, sie fühlt sich nicht wohl. Man darf die Türen nicht zuschlagen. – Ich hab es nicht gewußt. – Na, eben. Entschuldige dich. Man muß Türen behutsam zumachen. – Was für Türen? Ich weiß nicht, wovon Sie sprechen. – Du hast einen Rüffel bekommen. – Ich? Wann? – Eben erst, in der Kanzlei. – Ich weiß es gar nicht mehr.

Und mit matter Stimme, eher ein Bekenntnis zu sich selbst: – Ich habe alles so dick. Mir ist alles so egal. Sie denken vielleicht, ich tu nur so? – Ich hab wirklich nicht gemerkt, daß die Tür zuschlug. Ich ärgere mich gar nicht. Ich weiß nicht mehr, was man zu mir sagt.

Dieser Blick, diese Stimme – Erzieher müssen sie kennen. Hier ist wohl ein Besuch im psychiatrischen Krankenhaus unerläßlich und unersetzbar.

Ich bin kein Psychiater, aber ich kenne die Termini: Bewußtseinstrübung, Dämmerzustand, Stumpfsinn, Erstarrung, Hemmungen und Gefühlskälte. Ich weiß nicht einmal selbst, ob ich Pädologe bin. – Aber ich habe gesehen, wie das erschöpfte, angestrengte, lebhafte Wachsen des Kindes (Wachsen ist eine schwere Arbeit) zusammentraf mit zorniger, rasender Erregung eines Erziehers. Ich kenne sie leider – nicht nur aus Büchern, ich erlebte sie selber und erlebe sie bis zum heutigen Tag – selten, ganz selten. Denn ich gehe ihnen aus dem Wege, ich fliehe sie, verberge mich, wenn mir das droht; sie sind schlimmer als Türenschlagen, wohl sogar schlimmer als gestohlene hundert Zloty. – Man muß das wissen. Ihnen gegenüber verblassen alle Vergehen von Kindern.

II. Verteidigt die Kinder!

7 Das offene Fenster

Die Kinder haben freien Zugang zu meinem Zimmer. Von vornherein ist verabredet: man wird spielen dürfen oder sich nur halblaut unterhalten, oder es herrscht absolute Stille. Für den Empfang der Gäste habe ich einen kleinen Stuhl, einen kleinen Sessel und ein Schemelchen. Es gibt drei Fenster, die aneinanderstoßen; das mittlere ist offen; die Fensterbretter sind niedrig, 30 cm über dem Fußboden. Seit einer Reihe von Jahren stelle ich täglich Stuhl, Sessel und Schemel entfernt vom offenen Fenster auf, es kommt vor, daß ich sie irgendwo in der Ecke verstecke. Und täglich am Abend stehe ich unverändert am offenen Fenster. Manchmal sehe ich, wie sie sie sofort mit entschiedener Bewegung verrücken, bisweilen still und vorsichtig, fast verstohlen. Meistens weiß ich nicht, wie das geschah. An verschiedenen Stellen habe ich illustrierte Wochenzeitungen ausgelegt, und ich habe den Zugang zum Fenster durch Blumentöpfe erschwert. Und ich freute mich, wie pfiffig sie den Versuchungen ausweichen und die Hindernisse beseitigen; das offene Fenster siegt; selbst wenn es windig ist, selbst wenn es regnet, wenn es kalt ist. Der Tropismus, der den Wasserpflanzen gebietet, sich hier oder dort zu sammeln, der befiehlt, sich bis zur Kristallisierung der chemischen Verwandtschaft so und nicht anders zu verbinden; das Gesetz, das das Kartoffelkraut sich im Keller an der Mauer zum vergitterten Fenster hochklimmen läßt – und das gleiche Gebot, das, entgegen menschlichen Verboten, den Gefangenen zum Fenster treibt, damit er ins freie Gelände schauen kann.

Das Kind braucht Bewegung, Luft, Licht – einverstanden, aber auch noch etwas anderes. Den Blick ins Gelände, das Gefühl der Freiheit – ein offenes Fenster.

Ich habe zwei Höfe: einen nach hinten, von Mauern umgrenzt, und einen nach vorn, weniger günstig und doch höher geschätzt. Hier ist es wärmer, heller – einverstanden; aber nicht nur das: denn da ist das Tor direkt zur Straße. Es packt sie fast Raserei, wenn sie von der Straße aufs Feld laufen, diese Sehnsucht zum Fluß. Und wie erst das Meer, fremde Länder – eine ganze Welt. Lächerlich erschiene mir die Forderung, Beweise dafür zu liefern, daß viele in Zuchthäusern deshalb zugrunde gehen, weil wir keine Schiffe haben.

Das Einschließen ist keine Isolierung von Schädlingen oder Kriminellen, sondern eine *schwere Strafe*, unabhängig von diesem oder jenem Essen oder von strenger Zucht. Wenn sie doch zur einzigen, von einer unvollkommenen Menschheit angewandten Strafe würde, bis die Eugenik es gestattet, ganz ohne Strafen auszukommen!

Subjektiv bewerten und verurteilen wir die Foltern des Mittelalters. Damals war es schwierig, einen Verbrecher zu ergreifen. Sich verbergen und in die Wälder oder in fremde Länder zu fliehen, eine Feuersbrunst, Verwirrung, einen Überfall auszunutzen, die Gefängniswache zu bestechen, war – für die Starken, Verwegenen, Gerissenen – eine Kleinigkeit. Man mußte einmauern, im Verlies mit Ketten anschmieden, vierteilen, auf Scheiterhaufen verbrennen, pfählen und auf offenem Platz auspeitschen. Anders war es nicht möglich, und wie es heißt, hat auch das nicht geholfen. Vielleicht nur scheinbar? Wir wissen nicht, wieviel Räuber in den Wäldern, Bergen, angeschwollenen Flüssen umgekommen sind, wie viele von ihnen neue, entfernte Siedlungen gegründet haben! War denn nicht Amerika bis vor kurzem das Asyl der Abenteurer und Verbrecher der ganzen Alten Welt? Heute ist das Gefängnis die allgemeinste und zugleich schwerste Strafe.

Ich weiß nicht, in welches System das Einschließen im Gefängnis gegliedert ist: Dunkelhaft, Isolierzelle, Entzug der Erlaubnis für den Rundgang im Hof, für Besuchsempfang. Auf einen Tag, eine Woche, einen Monat. Qualität und Quantität. Wenden Besserungsanstalten diese Strafe an und in welchem Maße? Nehmen sie sich das Gefängnis zum Vorbild, oder haben sie ein eigenes, milderes System erarbeitet?

Denn Ehrgeiz des Erziehers muß es sein, günstigste Ergebnisse auf dem Wege geringster Verletzungen der Menschenrechte zu erzielen.

Eingeschlossen, aber mit einem Fenster, das offen ist auf einen Sportplatz. Eingeschlossen, aber nur für die Zeit der Mahlzeiten. Ein verschlossenes, vergittertes Fenster, ein Fenster oben. Eingeschlossen im Erdgeschoß. Ein enger und ein weiter Hof. Ein Stück Rasen, aber nur dieses eine.

In der von mir geleiteten Ferienkolonie hatte die Bewegungsfreiheit folgende Abstufung: 1. das Recht, die Kolonie ohne Aufsicht zu verlassen, 2. das Recht, hinauszugehen unter der Obhut eines verantwortlichen Zöglings, 3. das Recht, auf die Waldwiese jenseits der Kolonie zu gehen, 4. das Recht, sich im Bereich der ganzen Kolonie (5 Morgen Land) frei zu bewegen, 5. das Recht, im Rayon einer gegebenen Wachperson zu spielen (»Arrest«), 6. Isolierung auf einem Rasenstück unter der Kastanie (»Käfig«). Wenn wir uns darin einig sind, daß nur ein unbedeutender Teil von Kindern mit bösen Neigungen – und das zufällig – in eine Besserungsanstalt gelangt ist, während die Mehrheit von viel schädlicheren in Freiheit umherstreift, wären dann nicht weitestgehende Erleichterungen angezeigt: Urlaub, gemeinsame und nahe und weite Ausflüge, gerade in die Berge, ans Meer, an Seen oder in die Heide? Hier eben, nicht aber in der Einschließung lernen wir die Kinder besser kennen. Die Tabelle der Strafen und Belohnungen kann fast ausschließlich darauf gründen, daß man Freiheit dosiert. Nicht aufs Geratewohl, sondern nach einem logischen System, einem kodifizierten Recht. Ein unbegrenzt offenes Anstaltstor, Begrenzungen hinsichtlich der Tage und Stunden, des Umkreises, in dem man sich frei bewegen kann (Bahnfahrt, Spaziergang ins Nachbarstädtchen, in den Wald). Und erst als oberste Strafstufen: die Einschließung im Zimmer für einen kurzen Zeitraum. Bekanntlich paßt eine Ordnung in weiten Grenzen sich den Bedingungen an. Es muß Fälle geben, daß der Eingeschlossene sich an die Gefangenschaft gewöhnt, sie sogar liebgewinnen kann. Das Einschließen als Strafe hört auf zu wirken; was dann?

Verfügen die Besserungsanstalten – selbst die auf dem Land gelegenen – über Sommerkolonien, Ferienlager? Tauschen einzelne Anstalten die Zöglinge für eine gewisse Zeit aus, damit sie neue Eindrücke empfangen, andere Bedingungen kennenlernen? Haben die Kinder der sogenannten Besserungsanstalten weniger Recht, Krakau, Posen, Wilna, das Meer, die Seen um Suwalki kennenzulernen? Ein Kohlenbergwerk, Siedereien, Museen, ein Kino, ein Theater zu sehen? Selbst wenn das verlockt, den Willen zur Flucht weckt, ermuntert es nicht zu Anstrengungen der Besserung, bringt es nicht einen heiligen Hauch? Einzelne im Pfadfinderlager unterbringen, in Lagern der Wehrertüchtigung – ihnen ein gutes Leben zeigen und die mörderische Suggestion zerstreuen, daß sie ein für allemal gebrandmarkt, aussätzig, verdammt seien! Ich möchte: 1. wissen, wie es ist, 2. eine Diskussion führen mit den Erziehern unserer Internate für moralisch belastete Kinder.

Meine Ansicht ist: ein Fenster öffnen, es mit Blumentöpfen verstellen, in den Ecken Köder verteilen und aufmerksam schauen, ob sie trotz des Hindernisses und entgegen den lockenden Versuchungen nicht gerade in diese Richtung ihren sehnsüchtigen Blick richten Ich will hinzufügen: wenn es schon Freude bereitet, einen gefangenen Vogel freizulassen, wie wird dann erst diese ständige Gedankenarbeit – wen aus der Haft entlassen? – der grauen Arbeit des Erziehers wahrlich Farbe geben.

8 Leichtsinn

Was ist Leichtsinn?
Strafwürdiger Mangel an Verantwortungsgefühl für Worte, für kritiklos wiederholte Anschauungen, für Versprechen und Verpflichtungen; undurchdachte Handlungen, diktiert von Ehrgeiz, Mißmut, Neugier; Gehorsam gegenüber lautem Geschrei; Mangel an gesundem Urteil; Leichtgläubigkeit, Snobismus, moralische Farbenblindheit; Risiko ohne Chance eines Gewinns; Entscheidungen, die mit einer Katastrophe enden müssen; widerstandsloses Nachgeben gegenüber Stimmungsanwandlungen oder Überredung; Rauschzustand ohne Alkohol – pathologischer Leichtsinn. Das ist es, was das Privatleben von Familien, das öffentliche Leben von Gemeinschaften vergiftet.
Krasse Beispiele werden täglich geliefert: In der Rubrik der Unfälle und strafbaren Ausschreitungen, bei den Gerichtsverhandlungen – Unterschlagungen, Aufwiegelei, Fälschung, Raub und Mord.
Schuldig oder nicht? Eher ein Fehler denn Schuld: ein gedankenloser oder unwillkürlicher Reflex . . .
Ein 16jähriger Junge steckt einen Wagen mit Stroh in Brand, weil der Entgegenkommende ihm nicht den Weg freimachen wollte.
– Warum hast du das gemacht?
– Ich war wütend.
– Sag selber, welche Strafe gebührt dir?
– Eine große: wohl ein Jahr Bewährung . . .
Ein anderer hat einem Altersgenossen mit Kalk die Augen ausgebrannt.
– Weswegen?
– Wir haben uns unterhalten, und er steht dabei. Wir haben gesagt, er soll abhauen, aber er wollte nicht.
– Hast du begriffen, was du machst?
– Na, ich kenne schließlich ungelöschten Kalk. Zweimal hab ich ihm gesagt, er soll nicht bei uns herumstehen . . .

Sie hat für den erhaltenen Monatslohn sofort Flitterkram, Süßigkeiten, irgendwelchen Tand gekauft; sie sagte, sie hätte das Geld auf der Straße gefunden und den Lohn nicht bekommen.

– Hast du gedacht, die Tante wird dir glauben?
– Nein.
– Also?
– Ich wollte das haben . . .

Zahlreiche krasse Beispiele aus dem Bereich der Schule. Eine Analyse kleiner Schuldiebstähle.
– Also, wie war das? Du hast ihm das Taschenmesser (den Federkasten, das Markenalbum) genommen, dann prahlst du und zeigst es den Freunden. Hast du nicht gewußt, daß es erkannt und entdeckt wird?
Der Junge: – Ich hab nicht daran gedacht.
– Es mußte doch schließlich herauskommen. Warum hast du gelogen, es nicht gleich gesagt?
– Ich schämte mich, es zuzugeben . . .

Eine mißglückte sportliche Leistung.
– Hast du gedacht, du wirst einen so breiten Graben überspringen?
– Nein, aber er hat's mir befohlen.
– Wenn er es dir befohlen hat, warum ist er nicht selber gesprungen?
– Ich hab es ihm ja nicht gesagt.
– Und wenn du es gesagt hättest?
– Ich weiß nicht . . .

»Ich wollte es so sehr haben.« – »Denn die anderen haben gesagt, es ist erlaubt.« – »Weil er drum gebeten hat.« – »Weil sie über mich gelacht hätten.«
Sie sind nicht die hervorragenden, sondern durchschnittliche Schüler der Klasse; sie sind normal, wenn sie lesen, schreiben, Aufgaben lösen; hier sind sie naiv, unkritisch, überrascht von dem, was geschehen ist, eingeschüchtert und ratlos.
Wir stellen ein irritierendes Auswuchern von Literatur und Intelligenzuntersuchungen über Merkmale fest, die von entscheidender Bedeutung im Leben des Kindes, der Menschen, der mit ihnen zusammenhängenden Familien, des jeweiligen Milieus sind.
Schulische oder praktische Intelligenz: die des Lebens und Verhaltens, der Logik sinnvoller Handlungen, Intelligenz der Überzeugungen, Gefühle – wo bleibt die moralische Intelligenz?
Verflossen sind die Fluida ehrgeiziger und verwegener Führerschaft, die Tiefe

des Unterbewußtseins wurde restlos vom Sexualismus ausgefüllt, man ließ den Instinkten ohne Sublimierung die Zügel schießen, exkulpierte die Diktate des Minderwertigkeitsgefühls und heizte die Appetite an, die aus dem Wörterbuch des Erziehers Selbstbeherrschung, Bescheidenheit, Verzicht auf übermäßiges Verlangen, auf Mittel und Gelüste strichen.
Das sind keine Fragen der Ethik, sondern der Psychologie. Wir – der Lehrstuhl, die Fakultät, die Akademie des Intellekts – kümmern uns nicht um unsittliche Handlungen, untersuchen nicht das Kriminalverbrechen und seine unterirdischen Quellen.
Wenn man ein Stück Leben von ein paar Generationen zahlreicher Zöglinge verfolgt, verwundern weniger die unverdienten Triumphe und die unverschuldeten Mißerfolge. Sicher ist, daß die schulischen Ergebnisse, die mittelguten oder die ausgezeichneten, eine ganz zweitrangige Rolle spielen.
Scheinbar sieht es so aus: wer es versteht, zuzugreifen, wegzunehmen, zu erzwingen, zu rauben, abzulisten, zu erbetteln, zu erpressen und zu profitieren, dem gerät das Leben gut und leicht. Wer geben will, helfen und lehren, wird das Opfer von Mißgunst, Ausbeutung und Raub. Es sieht so aus: Man darf sich dem Menschen nicht vertrauensvoll nähern, nicht sanft und wohlwollend sein, denn als Folge des Kontaktes gibt es nur Sorge, Verrat, Bitterkeit, Enttäuschung, Schmerz; man muß raubtierartig darauf lauern, wie man den anderen ärmer machen kann, indem man sich selbst bereichert.
In Wirklichkeit ist es ein Durcheinander widerspruchsvoller Fakten, Wege und Schicksale. Man möchte sagen: Hier ist es Leichtsinn, dort Voraussicht – Umsicht, Vorsicht und Berechnung; das sind Trümpfe im Spiel – sie spielen die dominierende Rolle. (Der sprichwörtliche Leichtsinn von Künstlern und die Lebensratlosigkeit von Gelehrten erschweren verhängnisvoll und vereiteln die Arbeit und die Erfolge.)
Man muß Beispiele sammeln, die Sieger auf den Gipfeln und die Besiegten in den Gefängnissen analysieren, eine Generalbeichte von Individuen und Geschlechtern veranstalten: Material für die Eugeniker. Wenn der Wert der Erfahrung stiege und die Intelligenz, sich der ersteren zu bedienen, würde die Psychologie lebensnaher und das Wirkungsfeld des Psychologen umfassender und wichtiger. Vielleicht würde ein Teil der Macht, die Advokaten und Politiker innehaben, in die Hände von Biologen – des Körpers und des Geistes – übergehen?

9 Soziale Unterentwicklung

Wir sind geneigt, die Gesellschaft der Kinder wegen Mängel anzuklagen, die daher rühren, daß sie – undifferenziert, undurchsiebt – einen höheren Prozentsatz von unausgeglichenen, unterentwickelten, demoralisierten, kriminellen Individuen aufweisen. Der Radaubruder in der Schule vergiftet ungestraft das Leben der Gemeinschaft; sofern er sich gegenüber dem Lehrer reserviert verhält, sich nur vorsichtig gegen den von der Schulordnung festgelegten Rahmen vergeht. Der Schwindler schädigt die Gemeinschaft, indem er ihre mangelnde Erfahrung ausnutzt, bei verschiedenen Geschäften, niemand hindert ihn daran. Der Possenreißer belästigt empfindlich die anderen und reizt sie, ohne ein Gegengewicht für sein boshaftes Tun zu finden. Der Gerüchtemacher und der Anschwärzer treiben ihr Unwesen unbemerkt von den Erwachsenen. Der ehrgeizige Räuber stößt die anderen auseinander und trampelt auf ihnen herum. Der Leichtsinnige und Unausgeglichene schafft für die Gruppe unangenehme Situationen, zieht die anderen in Konflikte mit dem geltenden Recht hinein, verursacht materielle Schäden, verdirbt unversehens heitere oder fröhliche Stimmungen. Der Blödling trottet aufdringlich herum und stellt Anforderungen an die Gruppe, weil ihm das Leben noch keinen seinen Fähigkeiten entsprechenden Platz zugewiesen hat.

Die ins Abseits gestoßenen und deklassierten Erwachsenen, die Degenerierten und Kranken, der Abschaum – der Bodensatz – verbinden sich (Dieb und Hehler, Prostituierte und Zuhälter) und stellen so den Rand der Gesellschaft, einen geschlossenen, wachsam beobachteten und verfolgten Staat im Staate dar. Ein bedeutender Teil ist isoliert in Irrenhäusern und Gefängnissen. Ein Teil verurteilt sich freiwillig zur Emigration, zur Verbannung, ein Teil findet Sättigung seiner räuberischen Instinkte in beruflicher Arbeit (Fleischer, Gefängniswärter). Wie viele hat schon im jungen Alter die Tuberkulose und die Sucht getötet? Wie viele erlagen Unfällen, haben Selbstmord begangen. Die übrigen sind stark gezügelt durch die Polizei, durch Gefängnis und Strafen.

Kann diese allzu langsame Arbeit vieler Jahre nicht beschleunigt werden? Wir bedienen uns gewisser Filter, wir haben gelernt, wie das Wasser sich in der Natur reinigt. Die trübe, stürmische Gesellschaft der Kinder ist das Fundament der Zukunft. Hier lernt der neue Mensch, der wachsam ins Leben schaut, klug zu sein, also rücksichtslos, mißtrauisch, verschlagen und rachsüchtig. Hier lernt er von Tag zu Tag, daß Güte, Ehrlichkeit, Wahrheitsliebe, Rechtschaffenheit eher Schaden bringen, im Leben hinderlich sind; scheinbar hochgeachtet, werden diese Eigenschaften zu Geboten und einem Kodex für die Naiven.

Die klinische Beobachtung der Kindergesellschaft lehrt, daß soziale Unterentwicklung, Zurückgebliebenheit eine besondere Form von unterentwickelter, zurückgebliebener Intelligenz ist. Das Kind lernt gut, schlußfolgert und antwortet richtig auf Fragen; aber es versteht nicht, Menschen und gerechte Gesetze zu entziffern. Es tappt umher, begreift nicht, fühlt nicht. Selbst wenn es weiß – will es nicht. Die Gemeinschaft ist das Gelände der Ausbeutung. So ein Kind sieht keine Bedürfnisse und Rechte außer den eigenen, mißachtet sie, unfähig zu der angeborenen Anstrengung, sich zu bremsen.

– Schaut ihn an. Soll er ein bißchen plärren. Soll er fürs nächste Mal Bescheid wissen. Warum ist er denn so dumm.

Dummheit – das ist Vertrauen, Sensibilität, Ehrlichkeit. Dumm ist er, weil er einen berechtigten Befehl ausgeführt oder ein Verbot befolgt (dieser Feigling, Speichellecker), weil er den Eltern keinen Kummer machen will, (dieses Muttersöhnchen, dieses Schoßkind, dieses Püppchen), weil er im Bereich der Pflichten und Verpflichtungen ordentlich sein will. Dumm, weil ihm jemand leid tut. Weil er nicht teilnehmen will an einer bösen Sache oder an deren Annehmlichkeiten und Beute.

Die Behauptung, daß die Schule nicht erzieht, ist falsch. Jawohl, sie erzieht Roheit und Banditentum, Spitzelei und Denunziantentum.

Das machen nicht die Erzieher, das geschieht ohne ihr Zutun von selbst. Der Lehrer leistet Bildungsarbeit in deklamierender Form über hochfliegende Themen (Kameradschaft, Brüderlichkeit, Liebe, Schönheit). Er organisiert das Leben nicht nach den Prinzipien einer vernünftigen Gerechtigkeit, denn er mißachtet die kleinen Streitigkeiten und die unreife Meinung der Kindergesellschaft. Klagen duldet er nur insofern, als sie es ihm leichter machen, über die Sicherheit und Disziplin der Gruppe, über das gesamte schulische Inventar zu wachen. Der Lehrer urteilt stoßweise, eilig, oberflächlich, ohne Sachkenntnis. Die Strafen fallen unverhofft, je nach Laune und Augenblick. Notwendige Verbote werden vermischt mit relativen und undurchführbaren. Privilegien werden einzelnen aufs Geratewohl zugestanden oder, was noch schlimmer ist, ausschließlich nach deren Einstellung zu der eigenen Person des Erziehers, nicht aber zur Gemeinschaft der Kinder.

Da herrscht irgendein Durcheinander; immer wieder Streiche und Exzesse;

soviel Unzulässiges, Strafwürdiges – man muß loswettern, strafen, züchtigen. Wen? Die Kinder. Die Schüler. Die Gruppe. Die Klasse. Sowohl die Anstifter, die das Vergehen provoziert haben, wie auch zufällige Opfer, die doppelt geschädigt werden.
Wie kann angesichts solcher Verhältnisse erreicht werden, daß die schwächeren Charaktere vor der Seuche geschützt und die heilbaren Individuen gebessert werden? Welcher Weg führt zur Rehabilitation jener, die das Unglück hatten, einmal ihren Ruf zu zerstören?
Ein ähnlicher Zustand wird durch die zwei Ebenen des Daseins geschaffen: die eine – man muß so tun, als sei man musterhaft; die zweite – konspirative –: ich verberge um jeden Preis, was ich tue, um so mehr, was ich denke und fühle. Ein Gelände, wo Heuchelei und Lüge wuchern. – Hier wird keine Rechtschaffenheit wachsen.
Aufsässige Rechtschaffenheit stößt auf strengste Repression. Auf diese Weise werden soziale, positive, aktive, stolze, mit Würde ausgestattete Elemente eliminiert.
Gerichte für Minderjährige und Sonderschulen haben mit der Arbeit begonnen, die Kinder zu scheiden – ein erster Schritt, die fatalen Bedingungen für das Zusammenleben von Minderjährigen zu ordnen, denen Hilfe gebührt. Schülerselbstverwaltung, eine eigene Zeitung, das Kameradschaftsgericht, Sitzungen und Beratungen müssen den riesigen Kundschafter- und Strafapparat der Erwachsenen ersetzen.
Aber das läßt sich nicht tun ohne Vorbereitung, ohne Kenntnis der Gesetze, von denen die Ansammlungen der Kinder in Schulen und Internaten regiert werden – (so wie Fabriken die Arbeiter konzentrierten und eine schützende Sozialgesetzgebung gaben).

10 Bemerkungen über verschiedene Kindertypen

In feuilletonistischer Form durcheile ich hastig das genannte Thema. Ich beginne mit Kindern, die stehlen. Von diesen gibt es am meisten. Wenn man sie unter dem Blickwinkel der Besserungsmöglichkeit betrachtet, zerfallen sie in viele Kategorien, die nichts miteinander gemein haben. Diebstahl aus Zufall. Er nahm, weil »alle nehmen«. Er griff nach einem Apfel vom Marktstand oder aus fremdem Garten, eine Handvoll Bonbons oder Trockenpflaumen, ein Kästchen, eine Tasche, eine Büchse. Er hat versucht, einen Zloty zu stehlen, hat jemand die Geldbörse entrissen. Er hat es zum erstenmal getan, über kürzere oder längere Zeit. Zum Glück kommen bei uns diese Kinder noch relativ selten vor Gericht. Diese Dinge erledigt man auf der Stelle: dem Delinquenten wird Angst eingejagt, oder man rechnet gleich mit ihm ab.

Folgender Fall blieb mir im Gedächtnis: In Berlin bringt ein 10jähriger ein Buch ins Antiquariat. Er fügt einen Zettel bei – des Vaters Erlaubnis zum Verkauf des Buches. Die ungeübte Schrift weckt beim Besitzer der Buchhandlung Zweifel; er läßt das Kind festnehmen. Der Vater wird ins Kommissariat bestellt. Um den Sohn zu schützen, versucht der Vater, sich zu dem Zettel zu bekennen. Da drohen sie ihm, wenn der Schriftsachverständige eine Fälschung feststelle, werde der Vater vor Gericht streng zur Verantwortung gezogen. Überrascht, wandelt er seine Aussage ab: er habe den Zettel nicht selbst geschrieben, sondern dem Kind den Auftrag gegeben, ihn selber zu schreiben. Auch das ist übel. Sie sagen, er werde sich dafür verantworten müssen, einen seiner Obhut anvertrauten Minderjährigen zur Fälschung angehalten zu haben. Schließlich verzeihen sie dem Vater großmütig, den Jungen verurteilen sie zu ein paar Monaten Besserungsanstalt. Oh, daß doch Polen so spät wie möglich diesen Typ Gesetzlichkeit erreichen möge, wenn er schon überhaupt notwendig ist.

Ein beweglicher, lebhafter Junge mit viel Initiative und Vorstellungskraft such ein wenig Abenteuer, im übrigen wünscht er sich etwas sehr, braucht etwas. Ich betone, die seit eh und je üblichen Beutezüge der Dorfkinder in den fremden Garten haben viel früher auf das Vorhandensein von Vitaminen in rohen Früchten und rohem Gemüse hingewiesen, als dies der Wissenschaft zu erforschen gelang.

Wie soll man diese Kinder behandeln? Das ist wie Windpocken. Seien wir strenger, also: es handelt sich um die Krätze von nicht sorgfältig genug aufgezogenen, verwahrlosten Kindern, die leicht der Infektion einer Versuchung erliegen. Es genügt, sie zweimal mit Teersalbe einzureiben – und das Kind ist gesund. Dieses braucht man nicht einmal zu heilen. Wenn die Besserungsanstalt diesen Prozentsatz von Kindern für gebessert erachtet, irrt sie sich gewaltig: hier braucht man weder zu bessern noch zu heilen. Es genügt, sie zu baden.

Eine chronische Versuchung schafft der Feind Hunger. Dabei werde ich mich nicht aufhalten.

Das Kind braucht Geld für etwas. Es hat recht: die anderen haben, die anderen essen. Eine kleine Schwächung des Willens genügt. Ein kurzfristiger Aufenthalt in einer Atmosphäre von Hygiene und Heiterkeit, und diese Konflikte mit dem Gesetz verschwinden schnell und ein für allemal.

Beweisen die so verbreiteten und gern gesehenen – ich füge hinzu: seit alters her üblichen – Spiele als Räuber und Banditen nicht, wie die wirkliche Einstellung der Kinder zum Diebstahl ist, unabhängig von dem moralischen, sozialen Wesen dieses Problems? Die allgemeine Suggestion zieht die Kinder an, der Nachahmungstrieb, die lebendige Vorstellungskraft, das Bedürfnis nach Abenteuer, manchmal der Ehrgeiz. Es gibt Jungen, die stehlen, um andere freizuhalten.

Ein interessantes, lebendiges, lustiges, komisches Abenteuer. Gesunde, geliebte Lausejungen! Das ganze Wohlwollen gegenüber dem Menschen und die kindliche Naivität sind erhalten geblieben. Man muß nur sagen, daß es schlecht ist, was da geschieht.

Auf welche Weise hat sich der Fußball in den Vorstädten verbreitet? Da stehen drei oder vier Jungen. Plötzlich kommt so ein »Muttersöhnchen« und schwenkt einen neuen, hübschen Fußball. Das reizt. Schließlich versteht so ein Zierpüppchen gar nicht zu spielen. Ein etwas Mutigerer entreißt ihm den Ball, wirft ihn einem anderen zu, der andere einem dritten, und der vierte nimmt Reißaus damit.

Über eine ganze Reihe von Stufen sind wir zu dem Kind gekommen, das gleich einer Elster immer und alles nimmt, was ihm möglich ist. Es läßt sich nicht aufhalten. Wenn wir es dort mit einem allzu angespannten oder geschwächten Willen zu tun haben, so haben wir hier eine nervöse Unausgeglichenheit vor uns, die man heilen muß.

Ich will einen Fall anführen, der vor einigen Dutzend Jahren in Frankreich geschah. Zwei Hirtenjungen, die den Grundstock für eine beabsichtigte

Robinsonade brauchten, ermordeten eine ganze Farmerfamilie. Ich übergehe die Einzelheiten. Diesem Fall widmete »*Matin*« oder das »*Journal*« zwei Kolumnen. Es gab dort Interviews mit den Eltern, mit den Kameraden, den Lehrern der Jungen, unter anderem das Faksimile eines Briefes aus dem Gefängnis.

»Liebe Mutti! Ich weiß, daß ich schlecht gehandelt habe. Es ist mir unangenehm, daß ich Dir Verdruß bereitet habe. Sei sicher, wenn sie mich freilassen, wird sich so was nicht wiederholen. Noch einmal bitte ich, sei nicht böse.«

Der Junge war 10 Jahre alt.

Mit ein paar Worten muß ich daran erinnern, daß stupide und zurückgebliebene Kinder letzten Endes unter die Gewalt eines wirklich kriminellen Gleichaltrigen oder Halbwüchsigen geraten müssen. Wer will schon mit ihnen spielen? Wer will mit einem Stupiden sich unterhalten? Was verspricht er den Kameraden, den Gleichaltrigen? Sich für ihn interessieren, sich ihm nähern mag nur der, der ein Interesse hat, und ein gutes Interesse ist es, einen unkritischen Helfershelfer und disziplinierten Befehlsempfänger zu erhalten. Sicher haben jene Kinder die Anschauung diktiert, daß ein räudiges Schaf so leicht die ganze Herde anstecken kann.

Der gesunde Intellekt hat eine unerhörte Widerstandsfähigkeit gegen die Ansteckung, einen wachsamen, gut wirkenden Apparat. Nur dadurch läßt sich erklären, daß nicht alle Kinder vom Hinterhof und von der Straße den Weg des Verbrechens gehen. Ich unterstreiche diese Tatsache mit allem Nachdruck. Nur ein Zurückgebliebener, dem der normale Intellekt imponiert, erliegt ihm passiv. Dadurch erklärt sich die Erscheinung, daß in den Besserungsanstalten ein bedeutender Prozentsatz geistig unterentwickelter, zurückgebliebener Kinder zu finden ist. Sie hatten übrigens unlängst gar keine Schulen.

Die unschuldigen, lieben kleinen Übeltäter.

Um wieviel sozial-schädlicher ist der Typ des Schwindlers, der beim Spiel betrügt, der ausbeutet, indem er tauscht und wettet, andere ins Schuldenjoch zieht, die moralische Atmosphäre vergiftet und zahlreiche Konflikte schafft. Das sind die Schmarotzer- und Wuchterertypen, Kinder, von denen man sagen kann, daß sie sich immer einen Schritt vor dem Gefängnis halten. Sie vergiften in bedeutendem Maße die Atmosphäre der Schulen; unbemerkt von der Gesellschaft der Erwachsenen, gehen sie unter den Ihren auf Beute aus.

Zum Glück wird ein nur unbedeutender Teil der fröhlichen Possenreißer, die die öffentliche Ruhe stören, der Freiheit beraubt. Leider muß ihre Zahl mit wachsender polizeilicher Wachsamkeit größer werden.

In sanften Fällen vergeht diese flüchtige Erkältung von selbst. Deshalb hilft hier alles, und es täuscht die Unkritischen, daß der Wendepunkt zur Besserung ein gutes Wort, eine ehrliche Aussprache oder gar Prügel waren. Ja, es gibt so glückliche Fälle, die eine so schnelle Gesundung erhoffen lassen, daß nicht einmal Prügel immer Schaden anrichten. In der Medizin sagt man spaßhaft: der Kranke wurde trotz der Heilmethode gesund.

Ich betone: wie ein Kind, das wiehert und mit den Beinen aufschlägt, nicht das Pferd nachahmt, sondern es sein will, sich in die Lage des Pferdes hineinfühlen will, wie ein Kind, das bellend ein Hund ist und das doch der Abdecker nicht fangen wird, wie wir einen Jungen, der sich zum General ernennt, nicht des Staatsstreiches beschuldigen – genauso unsinnig ist es, ein Kind zu strafen, weil es vorübergehend einen Dieb gespielt hat.

Ein jähzorniges Kind.

Vielleicht die schwierigste Angelegenheit, die am stärksten eine Reflexion erfordert. Dieses kann im Zorn töten. Das ist ein schwerer Fehler des Charakters und Temperaments. Es droht große Gefahr, wenn in Zukunft Schnaps ins Spiel kommt, wenn das Kind mit Ungerechtigkeit und Benachteiligung konfrontiert wird. Es besteht die große Gefahr, daß eine schlecht geleitete Kur zusätzlich Erbitterung, wenn nicht Gereiztheit erzeugt. Es ist schwer mit diesen Kindern, um so schwerer mit Jugendlichen.

Hier ist weder Platz noch Zeit für eine Erklärung, wie ich es geschafft habe (die Leser müssen es mir glauben), daß ich in meiner Sammlung über 20000 Besserungsentscheidungen verfüge. Ich stelle kategorisch fest, daß ein Kind mit einem Defekt dessen ganze Last spürt, ihn loswerden will, aber es fällt ihm schwer, sich zu bessern; erfolglos beginnt es ohne Führung mehrfach den Kampf mit sich selber, und nur eine Reihe von Niederlagen zwingt es zur Bankrotterklärung gegenüber sich selbst.

Seltsam: niemand wird ja in Frage stellen, daß ein Buckliger seinen Buckel loswerden will, daß einer, dem der Arm oder das Bein fehlen, möchte, daß ihm das fehlende Gliedmaß wächst. Hier muß man nicht zur Besserung überreden, im Gegenteil, man muß deren Ungestüm bremsen. Man muß lehren, daß nur Geduld, ständige kleine Bemühungen, vorsichtigste Orthophrenie günstige Ergebnisse bringen können.

Es ist nicht leicht, das Wohlwollen und Vertrauen dieser mißtrauischen Kinder zu erringen, die deshalb Groll hegen, weil sie meinen, man wolle sie nicht heilen, ihnen nicht helfen. Ich erinnere hier nur daran, daß das Kind die Erwachsenen für Halbgötter hält, die alles wissen und können; also wollen sie offensichtlich dieses Kind nicht unterstützen, ihm nicht beistehen.

Ich kann mich nicht länger aufhalten bei dem kleinen, aber interessanten Prozentsatz der kindlichen »Schweinigel«. Es gibt davon so wenig, wie bei der Laboruntersuchung mit dem Namen bezeichnet wird: Spuren von Eiweiß. Die, welche anderes behaupten, übertragen die eigenen Empfindungen auf die völlig unverstandene Welt der Empfindungen des Kindes.
Wir finden unter den Kindern neben aggressiver Ambition viel defensiven Stolz. Erfahrungen aus früheren Erlebnissen, manchmal eine angeborene Eigenschaft – psysische Schwäche macht sie zu Misanthropen. Schmollende, Mürrische und Mißgünstige – die tragische Ernte des Lasters!
Hier eine Erinnerung. Als ich in Paris war, machte ich mich auf zu einem Schwimmfest. Es wurde anläßlich des zu Ende gehenden Schuljahrs veranstaltet. Ein schönes Schwimmbecken, ein Stadion, gefüllt mit zehntausend Schulkindern und ihren Lehrern.
Viel Sonne und Freude. In einem bestimmten Augenblick erscheint der Volksbildungsminister. Das Orchester spielt die Marseillaise, die Kinder stehen auf, nehmen die Mützen ab. Ein Zwölfjähriger bleibt sitzen. Ein Kamerad versucht, ihn mit vorsichtiger und sanfter Bewegung vom Platz zu heben, nimmt ihm die Mütze ab. Ein zorniger Blick, eine schroffe Bewegung. Er sitzt mit Mütze da. Er demonstriert gegen die Regierung, gegen Frankreich. Drei Blicke treffen gleichzeitig den widerborstigen Jungen: ein Polizist, der Lehrer und ich sehen ihn. Dann treffen sich unsere Blicke, und wir lachen alle drei. Ich fühlte Neid, daß das reiche und heute sichere Frankreich sich diesen Luxus nachsichtigen Lächelns erlauben kann.
Zusammenfassend schließe ich: Es gibt unschuldige Pusteln, offene Geschwüre, Abzesse und Tuberkulose, die Löcher reißt, zerfrißt und ansteckt. Ich sehe klar und verstehe die Versuche, die darauf abzielen, daß eine gewisse Kategorie von Kindern überhaupt nicht geboren wird. Ich sehe die Notwendigkeit des Krankenhauses, der Isolation für eine sehr lange Zeit. Ich übertreibe die Schwierigkeiten nicht, aber ich unterschätze sie auch nicht. Das bedrohlichste Problem ist: schnöde behandeln, Haß wecken und Wut; hungrige Wölfe, gehetzte Raubtiere heranziehen!
Leider kann dieses hilflose Leiden von Sadismus und Verbrechertum, von Gemeinheit und Grobheit wie von Läusen befallen und angenagt werden. Es gibt drei Wege: der eine ist die Kaschemme, die Kloake, wo das unglückselige Kind eine Hölle von Torturen und Qualen findet, der zweite ist das Heilwesen, der dritte ist die mechanisierte Disziplin, wo kein Platz ist für irgendeinen eigenen Gedanken, irgendeine Entscheidung.
Vor diesem dritten Weg warne ich, denn wir können, erschreckt vom Beispiel

des ersten Weges, in diese Richtung taumeln. Das mustergültige Krankenhaus klagt nicht an, verurteilt nicht, sondern untersucht und heilt.

11 Die Unverbesserlichen

Aufgabe des Krankenhauses ist es, zu heilen. Wir sind uns einig, daß in zahlreichen Fällen nur eine Linderung erreicht wird. Aufgabe des Internats ist es, den Zögling zu bessern. Wir sind uns einig: es stellt das Gleichgewicht nur in dem Grade her, daß er unter günstigen Umständen den Weg des Nützlichen, nicht den des sozialen Schadens wählt.
Die Schwindsucht ist ausgeheilt, aber in einer schlechten Wohnung und bei schlechter Ernährung erfolgt ein Rückschlag, und die Krankheit schreitet weiter fort.
Also muß man dem Patienten den Wechsel der Arbeits- und Daseinsbedingungen erleichtern. Also dem Zögling einen Beruf geben, ihm helfen, einen Verdienst zu finden, damit er rechtschaffen leben kann, also eine Existenz aufzeigen, in der er sich ausleben könnte: die Marine sättigt den Trieb zum Vagabundieren; einen Jungen mit Hang zu Grausamkeit müßte man ins Schlachthaus dirigieren. Vielleicht müßte man – umgekehrt – ihn von den Versuchungen fernhalten.
Gelingt es, oder gelingt es nicht?
Ein zusätzliches Moment, das eine wichtige Rolle spielt: Will der Patient gesund sein? Welchen Preis läßt er für die Besserung bezahlen? Wird der Kranke auf Schnaps, Tanz, Zigaretten verzichten – auf das, was ihm schadet. Nichts wird erreicht ohne sein Einverständnis und seine Beteiligung.
Das Feilschen um den Preis der Besserung ist bei Kindern wohlhabender Eltern nicht selten. Du wirst soundsoviel für Ausgaben und Annehmlichkeiten bekommen, aber stiehl nicht, zieh dich zurück von schlechter Gesellschaft. Leb anständig.
Wir wissen, daß für gewöhnlich die Forderungen wachsen. Die Vereinbarung bewährt sich nicht. Die Erziehungsanstalt hat nur beschränkte Mittel und Einflüsse, sie kann nicht allzuviel für die Besserung zahlen. Sie vermittelt eine Handwerkslehre, hilft eine Arbeitsstätte finden. Aber auf Dauer?
Man muß behutsam wirtschaften und nur dort Kapital an Zeit, Energie, Geld investieren, wo Chancen für günstige Resultate gegeben sind.
Gibt es ein Verzeichnis der Krankheiten, gibt es Stufen für die Intensivität des Leidens, um die Orientierung zu erleichtern, um vor Enttäuschungen zu bewahren?

1. Ein »Verbrecher«, weil er arm ist und verlassen. Er wurde gekauft und in die Sache verflochten. Wie ein obdachloser Köter folgte er der Sache, die ihm Brot gibt. Er ist moralisch, wenn ihn niemand heißt, Ausschreitungen zu begehen, wenn keine Notwendigkeit besteht, die schon erworbene Erfahrung zu nutzen, um illegal das Unentbehrliche zu bekommen. Er ist moralisch, wenn er unter fremdem Diktat sich zu Ausschreitungen hinreißen läßt, weil er anders nicht kann. Ein solider Mitarbeiter des Verbrecherberufs. Die Bruderschaft hat ein Interesse daran, ihn in ihren Dienst zu nehmen; auch hier sind gewissenhafte, redliche Untertanen nötig.
Eine günstige Aussicht.
Ist er gebessert?
Nein. Eher gerettet wie ein Ertrinkender, wie jemand, der den Zähnen des Wolfes entrissen wurde.
Sind nicht gerade diese (zu Unrecht) der Stolz und der scheinbare Sieg der gut geführten Besserungsanstalten?
Denn in den nachlässig geführten Anstalten sind sie weiterhin in Abhängigkeit und vorbereitet für das Vergehen, angesteckt von anderen, neuen.
2. Ein Verbrecher, weil er leicht Versuchungen erlag. Ihn reizt der Wechsel von Eindrücken, die Kurzweil. Feindlich sind für ihn Langeweile und Eintönigkeit.
Wenn im vorhergehenden Fall der Intelligenzgrad keine Rolle spielt, hier hat er entscheidende Bedeutung.
Ein Dummkopf mit Aspirationen läßt sich schwerer nutzbar machen. (Aber er ist auch für die Verbrecherwelt ein weniger anziehender Bundesgenosse.)
Aktiv, geistesgegenwärtig, mit Initiative, sollte er Verbrechen begehen; vielleicht erklärt er sich bereit, gegen das Laster zu kämpfen. Im Gefängniswesen, bei der Kriminalpolizei wird er Verwendung finden. Wenn er schulische Begabung hat, kann er auch im Handel vorankommen.
3. Der Krawallmacher. Hitzig. Reizbar. Nervös. Von Kind an von den Altersgenossen gemieden, wächst er in Abneigung zu den Ruhigen, Ausgeglichenen heran – toleriert, sogar ausgezeichnet durch die, die daran interessiert sind, die Werte seines Geistes, seiner Initiative, seines Mutes für ihre Geschäfte zu nutzen.
Heimatlos und geistig hungrig, folgt er dem ersten besten, der ihn nicht wegstößt, ihn nicht verachtet. Ein aktiver Mitarbeiter, vielleicht sogar der Führer einer kriminellen Bande.
Wenn ich nicht im Kürzel eines Feuilletons schriebe, müßte ich mich bei dieser Patientenkategorie länger aufhalten.

Zweifellos unheilbar, zerstritten mit dem Leben, können sie Hirn und Muskeln der kriminellen Welt darstellen.
Sie sind Rächer, geistige Gegner der schläfrigen und verlogenen Organisation der »moralischen« Welt.
4. Die Mürrischen sind ihnen verwandt.
Diese wie jene sind unterschiedlich in der Genese und im Grad der feindlichen Einstellung.
Ein schlechtes Allgemeinbefinden als Ergebnis körperlicher Unzulänglichkeiten (Kopfschmerz, Asthma, juckender Ausschlag), vielleicht Epilepsie, Bettnässen, Häßlichkeit, ein Körperschaden – jegliche Benachteiligung.
Wenn man sich auf der Linie der Minderwertigkeitskomplexe (Adler) und der Forschungen von Kretschmer (die mir nicht gut genug bekannt sind) bewegt, könnte man eine detaillierte Pathologie und Therapie dieser Menschen festlegen.
Bewußt oder unbewußt empfinden sie dies:
Ich fühle mich mies. Ungerechtigkeit regiert die Welt. Ich suche Bundesgenossenschaft und investiere Ehrgeiz dort, wo gleichermaßen Enterbte um ihr Recht auf Leben und Freude kämpfen.
5. Die von Mißtrauen vergifteten, die Aufbegehrenden gegen ihre Nächsten, gegen die ersten Führer ihrer frühen Kindheit haben Traumata, die nicht unbedingt sexueller Art sein müssen.
Sie sind heilbar: Wohlwollen zeigen, guten Willen, ein Beispiel (nicht mit dem Munde) für ihre Sehnsucht nach Wahrheit und Güte, Linderung geben – das ist der Weg zu ihrer Besserung.
Biegen, brechen, Besserung erzwingen – bedeutet, sie rasend machen. Sogar zur Eile antreiben ist gefährlich.
Diese werden wohl am meisten von den Erziehern gefürchtet, die in ihrem Handeln unredlich sind. Solche Kinder lassen sich nicht vom Schein verführen; sie sammeln Erfahrung, bevor sie vertrauen. Sie stoßen hinweg, wenn sie mit wachsamer Nase eine List wittern.
6. Die Spaßvögel – die Karikaturisten. Welt und Leben in der Schellenkappe. Undisziplinierte, unruhige, artistische Geister. Von ihnen sagt der dogmatische Erzieher:
»Vor allem aber müssen wir auf das nachdrücklichste ein Fehlverhalten bekämpfen, das jede ernste Arbeit unmöglich macht. Ich meine damit, daß jemand sich selbst zum Hampelmann in der Klasse macht. Das ist nicht nur schädlich für den Witzbold selbst, es stört auch die Arbeit der anderen, macht die Aufgabe des Lehrers sehr beschwerlich und führt immer, wenn es nicht

bekämpft wird, zum – übrigens wohlverdienten – Ausschluß des Betreffenden.«
(»Über die Anleitung der Kinder in einem Knabeninternat« von Abbé Simon.)
Ihr Feind ist die Autorität, der Ernst und der Pomp. Kein Ausdruck mit feierlicher Miene! Sie brechen in einem Moment in Gelächter aus, der nur ihnen verständlich ist.
Er zeichnet oder singt oder tanzt. Vielleicht wird er ein Kabarettexter, ein Spaßvogel, die Attraktion der Vergnügungsparks.
In Konflikt mit dem Gesetz gerät er auf fröhliche Art, aus Neugier, Zufall. Er verlangt das für sich. Spielt nicht die Dummen! Ihr wißt, daß auf jeden einzelnen, der geschnappt wurde, Hunderte frei umhergehen. Sie bessern sich von allein, sie suchen sich in der Freiheit. Ohne uns würde das Leben an Farbe verlieren.
Sie sind sich dessen bewußt. Sie glauben nicht an die Naivität der Erzieher. Verlang von ihnen nicht Arbeit noch Gesetztheit.

In der Überschrift heißt es: die Unverbesserlichen. Und doch wurde es anders geschrieben.
Denn unverbesserlich sind sie immer aus unserer Schuld. Wir repräsentieren ihnen gegenüber das moderne Wissen und die Lebensbedingungen, ihre Hilflosigkeit und Anarchie. Sie haben ein Recht zur Anklage, daß wir es noch nicht besser verstehen. Wie unanständig erscheinen wir in der Rolle jener, die züchtigen und Anweisungen geben, wie verhaßt, wenn wir Gewalt anwenden.
Und die »angeborenen schlechten Neigungen«. Aber die Himbeere saugt aus dem Erdboden Süße und die Brennessel das Gift.
Bewahrheiten sich jedoch unsere Voraussichten? Tritt nicht dort Besserung auf, wo wir resignierten, nicht dann, wenn wir meinten, daß sie am wenigsten wahrscheinlich ist, tritt sie nicht auf unter dem Einfluß unvorhergesehener, oft ungreifbarer Reize?
Warum ist der, welcher in unserer Meinung schon begraben war, wieder genesen und hat der enttäuscht, auf den wir Hoffnungen setzten?
Denn es gibt ja nicht nur schlechte Säfte von dem trunksüchtigen Vater und der streunenden Mutter, sondern unerforschte Kräfte von den Großeltern und den unbekannten Urahnen?
Wir wissen, daß Überraschungen häufig sind, aber statt Wachsamkeit und kritische Haltung, Vorsicht gegenüber den Problemen und Menschen, den

Urteilen und Behauptungen zu wecken, kränken diese Überraschungen uns und machen uns wütend. Wir wollen, daß es so sei, wie wir wissen, daß es sein müßte. Das verscheucht unsere Ruhe, schlägt unserer Würde ins Gesicht.

Ohne die schwindelerregenden Tiefen des Geistes sehen zu wollen, greifen wir nach der Macht über ihn.

Indem wir diese schwer zu entziffernden Kinder der Mühe nicht wert erachten, sie geringschätzen und den Ergebnissen der eigenen Arbeit nicht trauen, ziehen wir es vor, sie anzuklagen – wir, die Ankläger. Nicht Ärzte sind wir, sondern Staatsanwälte.

Sogar als Beamte sind wir unehrlich: wir vergrößern die Kader der Kriminellen, schwächen die Kader jener, die – ausgerüstet mit Lebenserfahrung und gehärtet im Kampf gegen den eigenen undisziplinierten Geist – unsere Verbündeten der Ordnung sein könnten.

12 Der Sohn des Kriminellen

Die folgenden Gedanken leitete ich aus dem Film »Der Champ« ab. Nebenbei will ich erwähnen, daß das Kino ein Orientierungsort von beachtlicher Bedeutung sein kann. Hier lerne ich zwar nur Fragmente der allgemeinen Einstellung zum Kind in verschiedenen Ländern – in der Familie, der Schule, in der Erziehungs- und Besserungsanstalt – kennen, aber sie sind unverfälscht. Wenn ich aufgrund der pädagogischen Literatur und des Besuchs in repräsentativen Anstalten das Beste kennenlerne, kann ich mir ein falsches Urteil bilden über die Einstellung zu Kindern, über deren Niveau und Ausdruck. Der übertriebene Kult für fremde Vorbilder ist um so gefährlicher, als er eine Unterschätzung der eigenen Bemühungen bewirkt, entmutigt, entschuldigt und befreit von Anstrengungen auf eigenem Gebiet. Das Kino wirkt durch das plastische Bild zur gesunden Ernüchterung bei. Auch dort steht es nicht zum besten, auch dort wissen sie nicht weiter und irren; das Kino macht das schneller und leichter deutlich, oft nebenher, durch eine tendenzlose Episode. Deshalb schätze ich es.

Also – »Der Champ«.

Ein Boxer, Säufer, Kartenspieler, ein brutaler Kerl erzieht ein Kind, mit dem er ehrlich und herzlich mitfühlt; es verbindet sie mehr, als sie trennt. Keine Phrase, keine Moral, keine Verschleierung der Fehler, üblen Gewohnheiten, Vorurteile; er posiert nicht, will nicht Vorbild sein.

Wenn es uns erstaunt und beunruhigt, daß unter erzieherisch schädlichen Bedingungen – unseren Denkansätzen zum Trotz – außergewöhnlich saubere und homogene Individuen (und umgekehrt) recht häufig vorkommen, so ist gerade der Film »Der Champ« ein Beitrag zur Erklärung dieser paradoxen Erscheinung.

Vielleicht ist Falschheit jenes Fäulnisgift, das am stärksten wirkt und in der Erziehung die meisten moralischen Verheerungen anrichtet? Vielleicht erzeugt die *Falschheit* jenes Fäulnisgift, das am stärksten wirkt und in der Erziehung die meisten moralischen Verheerungen anrichtet? Vielleicht erzeugt die *Ehrlichkeit* spontaner Erziehung und außererzieherischer Einstellung zum Kind Gegengifte und Sicherungen.

Der kleine Sohn des Champ verachtete das gepflegte Milieu und den Wohlstand, er flieht von der Mutter, kehrt zum Vater, zu den zigeunerhaften

Lebensbedingungen zurück; sie haben ihren Reiz und ihre Anziehungskraft.

Ich stellte mir die Frage: Was wäre, wenn man dem Champ das Kind mit Gewalt wegnähme oder es für ein verübtes Vergehen in eine Besserungsanstalt einsperrte? Ich konfrontierte diesen angenommenen Fall mit der in den Waisenhäusern erworbenen Erfahrungen, und ich spinne das aus.

Ein Trunkenbold muß keine abstoßende Figur sein, er kann, aber er muß ein Kind nicht erschrecken. Der Vater hat den Verdienst vertrunken, aber es kommt vor, daß er in betrunkenem Zustand dem Kind etwas gegeben, gekauft, erlaubt, verziehen hat. Es gibt nicht nur die Flut von Beschimpfungen und Verwünschungen; es kommt vor, daß er eine verständliche Wahrheit ausspricht, eine »herzliche Sentenz«; er hat einen Rat gegeben, er hat geklagt, hat eingeweiht in die Schwierigkeiten und Fallen des Lebens.

– Denk dran, Söhnchen, trink keinen Schnaps – sagte der betrunkene Erzeuger. – Mein Leben ist schon so jämmerlich – klagt er vielleicht und vergießt ehrliche Tränen. – Hier hast du einen Zloty, genieß das Leben, du Krabbe, solange du jung bist. Führ deinen Vater nach Hause, denn ich selber kann nicht mehr.

Er wird selber zum Kind, verlangt Obhut, drängt nicht mit Gewalt seine Autorität auf.

Selbst wenn er ein Krawallmacher ist, er schlägt nicht nur, sondern pflegt auch geschlagen zu werden: blutig, blau angelaufen, vielleicht demütig, zerknirscht, kommt er heim. Sie haben ihm unrecht getan – vielleicht weckt der »Verlierer« Mitleid.

Der kriminelle Vater geht »zur Arbeit«; zu einer »gefährlichen, blutigen Arbeit« geht der Bandit. Wie ein Fischer auf Fischfang, wenn das Meer aufgewühlt ist, wie ein Ritter zum Feldzug.

Der Junge liegt im Bett, vielleicht rechnet er sich aus, wieviel Brot, Butter und Wurst an Tagen des Überflusses dasein wird, aber vielleicht betet er auch, daß es keinen »Reinfall« gibt.

Die vom Geliebten mißhandelte Mutter oder die ausgebeutete und verfolgte Prostituierte weckt nicht Verachtung, sondern Wohlwollen. Der Vater stiehlt, also was ist? Soll er vor Hunger krepieren? Er hat keine Arbeit, sie haben ihm nie das Arbeiten beigebracht – wiederholt er die Formel der Rechtfertigung.

Zwei Haltungen gibt es gegenüber dem moralischen oder kriminellen Leben: Auflehnung im Wechsel mit Resignation; die Klage oder Drohung der Zurückgesetzten.

Schuld ist der Polizist, der verfolgt, der Kerl, der nicht gezahlt hat, jener, der sich nicht schlagen oder bestechen ließ. – Ich schlag ihn mit der Hand, aber er, das Biest, zieht das Messer. Für lumpige zwei Zloty ist er gewalttätig geworden, verdammt. Für ein paar alte Hosen drei Monate Knast. Es gibt schlimmere, aber denen glückt es, vielleicht gerade deshalb.

Eine unvergessene Szene aus einem französischen Hintertreppenroman.
Der Sohn des Einbrechers erinnerte sich irgendwie, wovon das Fräulein in der Schule gesprochen hatte. Der Vater schaute den Jungen mißtrauisch an!
– Sie verdrehen dir dort den Kopf. Sie können dich verderben, wenn du ihnen glaubst. Denk dran, du bist der Sohn eines Einbrechers.
Wie soll er vergessen, wer er ist, wenn ihm das täglich der boshafte Altersgenosse aus dem Hinterhof vorhält, die Nachbarin, der Hausmeister mit der bösen Absicht, ihn zu erniedrigen, als Zugabe zur Strafe für kleine Verfehlungen, die sich andere, alle – und noch dazu straflos – zuschulden kommen lassen. – Du Sohn eines Diebes. Du Diebesbrut. Du Diebesgezücht. Dir hab ich was gestohlen? – Eine scheinbar naive Rechtfertigung.
Solidarische Verantwortung festigt die solidarische Verteidigung. – Du wirst im Gefängnis verfaulen wie dein Vater.
Sie wollen das, sie warten nur darauf; unterschiedlich kann die Antwort, das Echo sein. Nicht mehr der Vater, sondern der Onkel, der Schwager, der ältere Bruder, der Kusin ist im Gefängnis; angeschossen bei der Verfolgungsjagd; ein hervorragender Dieb – die Zeitungen haben von ihnen geschrieben, sie haben sich geschickt verborgen – er hat nicht aufgesteckt, ist aus dem Knast entwichen, hat den Spitzel, den Hund, den Polizisten getötet. Ein Held. Die Legende des Geschlechts.
Ein Aristokrat unter den Kriminellen. Unmoralisch, aber vielleicht nur leichtsinnig? Kriminell, aber vielleicht nur schwach? Wir kennen sie vom Äußeren her, der Sohn kennt sie gründlich aus Tausenden kleinen, gemeinsam durchlebten Augenblicken.
Und die relative Moral der Ehrlichen? Ihr unsauberes Leben, ihre uninteressanten Sorgen und zweifelhaften Bemühungen? Haben sie genug Kraft, um überzeugend und anziehend zu wirken? Er stiehlt nicht, weil er es nicht nötig hat, er möchte gern, aber er versteht sich nicht darauf. Er will, aber er hat Angst.
Der Vater ist mutig und freigebig, sie aber sind habgierig und feige. Sie reichen dir in der Not nicht die Hand, aber sie lassen sich einladen zu gestohlenem Schnaps und zum Diebesschmaus.

– Sie zahlen dem Priester, daß er sie lehrt, der Mensch sei dazu da, zu sündigen.
Die unmoralische Welt hat ihren Kodex und ihre Verteidigung.
Für euch stehle ich, setze ich mich der Gefahr aus, für dich verkaufe ich mich.
Rechtschaffen ist er, verflixt noch mal,und seine Kinderchen sind schlapp vor Hunger. Ich werde stehlen und meinem Kind Brot geben.
Man könnte es weiter ausspinnen; es genügt, um zu verstehen, wieviel wirklich Gutes das Internat ins Leben des Kindes tragen muß, damit es Vertrauen und Glauben schöpft, daß der Weg der Arbeit und des Verzichtes nicht nur sicherer, sondern auch erhabener ist. Wieviel Geduld und Takt erfordert es, um das Kind nicht zu verletzen in dieser langen Periode, wenn es zusammenstellt und vergleicht, wenn die bisherigen Wahrheiten und tief eingewachsenen Gewohnheiten mit den erst keimenden zusammenstoßen; um sie nicht durch Frost abzutöten.
Ich würde um einen Zögling fürchten, der, ohne zu zögern, das vorherige Leben verurteilt: es gab Glanz neben dem Schatten, es gab Wärme neben der Kälte. Vergessen tut not, Verständnis voller Trauer sowie Verzeihen, nicht aber Verachtung und Ekel.
Manchmal wußte ich, was der Vater war, und ich fragte das Kind: – War der Vater gut zu euch? – Guuut. Und wie. Nicht sehr. Manchmal gut.
Daß die Antwort ehrlich war, bewies der Kommentar: – Ich hab Mutti verteidigt. Ich hab mich vor Angst unterm Bett versteckt. Mama und ich haben Papa hingelegt, und er hat geschlafen.
Es kam vor, daß man über Erzieher anderes hörte: – Wie ein Tier . . . Wie ein Wilder . . . Wie ein tollwütiger Hund.
Das Internat ist manchmal ein Feind, oft ist es fremd, und selbst wenn es dem Kind nahe ist, hat es auch seine Spalten, durch die, wenn auch nur tropfenweise und selten, das Heimweh sickert, Das Gefühl der Vereinsamung – die Erinnerungen an eine gute frühere Zeit, die um so teurer ist, als sie selten und so alt ist.
Warum ich dieses Thema berührt habe?
Weil ich fürchte, daß in den Internaten der erzieherische Einfluß selbst der noch so entfernten Familie, selbst unter Bedingungen strikter Isolation unterschätzt zu werden pflegt. Einer gerechtfertigten Isolation?
Sogar das beste Internat kann nur vorsichtig und langsam mit der Kraft von Fakten, nicht von Worten die Knoten lösen, die die Vergangenheit mit dem Morgen verbinden – und auch das nur sanft, nie mit brutaler Gewalt.

13 Der kleine Übeltäter

Die Einteilung in Fürsorge- und Besserungsinternate, bequem vom Standpunkt der Verwaltung, kann einen unkritischen Erzieher irreführen. Sie schließt gewissermaßen aus oder drängt in den Hintergrund die Aufgabe, in den Anstalten des ersten Typs Besserung zu erzielen; in den Anstalten des zweiten Typs wird die Frage der Fürsorge durch das kategorische *Gebot* der Besserung verdunkelt. Es gab »Straf«-Anstalten – es ist besser – es wird »Erziehungs«-Anstalten geben.

Erziehen, bewahren, sie schützen unter dem Flügel des Wohlwollens und der Erfahrung, in Wärme und Frieden, abschirmen gegen Gefahr, sie verwahren, abwarten, bis sie heranwachsen, mannhaft werden, Kräfte gewinnen für einen selbständigen Aufstieg. Flügel und Aufstieg sind gefährliche Metaphern. Leicht ist die Aufgabe eines Habichts oder eines Huhns, wenn es mit seiner Wärme die Küken wärmt; mir als Mensch und Erzieher fremder, verschiedenartiger Kinder fällt eine kompliziertere Aufgabe zu, nicht eine andere, sondern eine verwandte. Ich will einen Aufstieg für meine Gruppe, ich träume von erhabenen Bahnen, die Sehnsucht nach ihrer Vollkommenheit ist das traurige Gebet meiner persönlichsten Augenblicke, aber, gestützt auf die Wirklichkeit, begreife ich, daß sie gerade noch laufen, sich bewegen, sich bemühen, herumstöbern, herumstreunen oder plündern werden – Nahrung suchen und Krumen von Freude. Unter diesen Grünschnäbeln, diesen Küken, sind zukünftige Habichte und Hühner, und ich empfinde gleichermaßen Wohlwollen für sie. Es wächst ein kleiner Räuber heran – das ist nicht meine Schuld, ich bin hilflos. Und es ist gleich, ob der Zufall ihn in eine Besserungs- oder Fürsorgeanstalt gebracht hat.

Ich sehe einen berechtigten Widerspruch voraus. Man muß einen mühsamen Weg der Beobachtungen und einsamen Erwägungen gehen, mühselig in viele Wissensgebiete hineinschauen, sich redlich klar werden über die Unvollkommenheit der menschlichen Natur und der geschriebenen Gesetze, reell die geringen Kräfte und Mittel abschätzen, über die der Erzieher verfügt, um ohne Unlust oder Angst auf dieses letzte Glied der Erfahrungskette zu schauen. Es ist nicht meine Schuld, ich bin da hilflos, dazu fehlen die Kräfte. – Ich soll sie nur bewahren, beschützen, abschirmen gegen Unrecht, sie aufbewahren, bis sie heranwachsen. Wenn sie herangewachsen sind, mögen die Gerichte, die Polizei, die Gefängnisse und Zuchthäuser tun, was sie wollen. Da kann man nichts machen. Ich bin verantwortlich für den heutigen Tag meines Zöglings, es ist mir kein Recht gegeben, sein zukünftiges Schicksal zu beeinflussen und mich da einzumischen.

Aber dieser heutige Tag soll heiter sein, voll froher Anstrengungen, kindlich, sorglos, ohne Verpflichtung, die über das Alter und die Kräfte hinausgeht. – Ich soll dem Kind die Möglichkeit gewährleisten, seine Energie freizusetzen, ich soll ihm unabhängig vom Gemurre des verletzten geschriebenen Rechts und seiner drohenden Paragraphen die ganze Luft, Sonne, das ganze Wohlwollen geben, das ihm gebührt, unabhängig von Verdiensten oder Schuld, von Vorzügen oder Lastern. Herausreißen, vernichten, hegen? Unkraut wächst entweder frei, oder aber man schneidet es ohne Heuchelei auf einmal heraus und setzt nützliche Kartoffeln. Als Erzieher interessieren mich die Gesetze der Natur, Gottes, nicht die des Beamten, des Menschen. Wie schön, selbstlos und ehrlich ist ein Krankenhaus. Es heilt die Wunden des Helden wie des Zuchthäuslers – es ist nicht Sache des Arztes, ob der Geheilte zu gottgefälliger Arbeit schreitet, zu menschlichem Unrecht oder zum Schafott. Man wendet größte Mühe auf, um ihm beim Kampf darum zu helfen, die zerstörte Funktion, das bedrohte Organ wiederherzustellen. Wenn ich es nicht kann, gibt es keinen Groll gegenüber dem Patienten, daß er als chronisch Kranker das Krankenhaus verläßt, um der Familie, der Gesellschaft zur Last zu fallen. Das ist nicht meine Sache.

Wie verlogen und unehrlich wird ein Internat sein, das für einen Löffel Nahrung, für ein Dach über dem Kopf, für kümmerliche Bekleidung und oberflächliche Betreuung entgegen dem gesunden Menschenverstand auf seine Fahne schreibt: Ich bessere! In jedem Fall versuche ich den moralisch Leidenden zu heilen. Journalistisch ausgedrückt: ›der Gesellschaft einen nützlichen, ehrlichen Mitarbeiter‹. Nein. Ich werde mit den Särgen eines unbekannten Erbes, mit dessen Instinkten und Appetiten nicht prozessieren, ich werde mich nicht daranmachen, die Wunden und Traumata der frühesten Kindheit zu heilen. Ich bin weder Quacksalber noch Beschwörer, sondern nur Hygieniker. Ich gebe Bedingungen, die die Gesundung begünstigen. Viel Licht und Wärme, Freiheit und Freude. Ich glaube, daß es spontan nach Besserung streben will. Es wird mit sich kämpfen, Enttäuschungen und Niederlagen erleben. Möge es seine Versuche erneuern. Nach eigenen Methoden suchen. Möge es in kleinen und vereinzelten Siegen Freude erfahren. Ich unterstütze es – durch das gesunde Klima meines Internats.

Wo man Besserung erzwingen, mit Gewalt herbeiführen muß, da ist kein

Platz für den Erzieher. Das vermag ein Gefängnisaufseher. Besser, schneller, ehrlich und gründlich. – Sie werden sich bessern – sie werden gehorchen, sie werden sich nicht erdreisten, ihnen wird die Lust vergehen. – Habt acht, zur Zucht – vorwärts – marsch! –

Sie gehen – sie laufen. Unter der Androhung strenger Strafen – haben sie sich im Nu gebessert. Alle und sofort. Als Erzieher sehe ich unter meinen Schwererziehbaren so viele ehrliche, die zufällig hierhergeschickt wurden. Wenn es doch nur viele solche in Freiheit gäbe. Ich sehe – das ist sicher – auch Übeltäter, aber wieviel Schlimmere leben in Überfluß und Achtung. Ich sehe die durch Beispiel Verführten, die kaum durch ein Vergehen Angesteckten – und ich sehe die Unheilbaren, die absolut Prädestinierten.

Ich achte ihre Bemühungen, ich habe Mitleid, denn, ehrlich gesagt, ist das heutige Leben ihre manchmal verzweifelten Kämpfe mit sich selber, ihren blutigen Weg zur Besserung, ihre hoffnungslosen, doch verbissen wiederaufgenommenen Bemühungen überhaupt wert?

Sie schauen auf mich, den Meister, das Vorbild, sie wollen mir, dem Erzieher, ähnlich sein, sie wollen sich ein Wort des Lobs, der Ermunterung verdienen, sie wollen mir die erduldeten Mühen und geleisteten Dienste lohnen, und sie versuchen naiv, aber dankbar, meinen Ton der Gerechtigkeit, der Ehrlichkeit, der Pflicht zu treffen. – Meine armen Lieben. Man möchte eher warnen: »Strengt euch nicht allzu sehr an.« Und wenn man es nicht sagt, so fühlen sie es selber.

Musterhafte Besserungsanstalten erbringen kaum mehr als die Hälfte von Heilungen. Und die übrigen? Nun, sie gehen ins Leben, ausgerüstet mit der Erinnerung an eine heitere Kindheit, mit dem Medaillon von Menschen, die ihnen Mitgefühl gezeigt haben, die sie nicht verflucht und verurteilt haben, sondern gesegnet für den gewundenen, zickzackartigen, stürmischen und harten Lebensweg. Die Polizei wird eine leichtere Aufgabe haben. Sie sind nicht abgestumpft in Genicken, die schon vor Jahren ihre Funktion verloren haben, sie sind nicht versteinert im Haß gegen den Menschen, sie straffen sich nicht im leidenschaftlichen Gedanken an Vergeltung.

Ein kleiner Übeltäter, mit dem es sich leicht verständigen läßt.

14 Kriminelle Kinder im Vorschulalter

Mit Kindern von drei bis fünf Jahren kam ich zum erstenmal vor zwei Jahren in einer Sommerkolonie zusammen. Ihre Gruppe war Teil einer Ferienkolonie für Schulkinder. Da das Problem der Familieninternate mich lebhaft interessierte, beschloß ich, das Verhältnis der Älteren zu den Kleinen zu untersuchen bzw. ihre Hilfe zu erringen und deren Wert zu kontrollieren. In armen Familien befassen sich ja die Älteren mit den Kleinen. Im Waisenhaus, das ich leite, strebe ich danach, die Hilfe der Jugendlichen zum Wohl der Kinder zu erhalten.

Doch meine Beobachtungen gingen in eine ganz andere Richtung. Sofort drängten sich meiner Aufmerksamkeit Momente des Zusammenlebens der Kleinen auf. Zuerst versuchte ich die negativen und positiven Kinder unter der Perspektive ihrer Zukunft zu bewerten. Dieser Junge oder dieses Mädchen werden – in etwa fünf Jahren – diesen oder jenen von den meinen ähnlich sein. Dieser Stille, Hilflose, in sich Gekehrte. Dieser Regsame, Aktive, Selbständige.

Dieser Friedfertige, jener kleine Räuber. Kleine Wölfe und Lämmer. Edle Schößlinge und Unkraut. Findelkinder und Verlassene. Ein bedeutender Prozentsatz Unterentwickelter, körperlich Schwacher oder geistig Zurückgebliebener. Der Interessenbereich der meisten ist ungewöhnlich ärmlich: Klagen, gegenseitiger Streit, aufdringliche Forderungen. – Er hat mir etwas weggenommen – er hat sich eingemacht – er hat was zerrissen – er hat Dreck gemacht. Und: – Gib mir – gib mir – ich will das! Erst nach einer gewissen Zeit – bei einer gewissen Zahl – wird die Aufmerksamkeit gelenkt auf eine Blume, einen Schmetterling, einen Wurm. In der Gruppe der Passiven zeichneten sich deutlich die bösen Geister der Gesamtheit ab. Wohin sie sich wandten – Tränen, Geschrei.

(Ich erinnere mich aus den Kinderjahren an einen Affenkäfig im Zoo. In diesem Käfig hielt man gemeinsam kleine Äffchen und Igel. Wenn die Äffchen sich auf dem Stroh zum Schlummern hinlegten, schlich ein Igel herbei und stach sie. Entsetzt und schreiend sprangen sie auf.)

Nicht mehr als drei, vier unter vierzig. Aber wohin sie auch ihre Schritte lenkten, boshaft verdarben sie die heitere Stimmung, dieses stille Dasein der Kleinen, die mit Sand, einem Stöckchen, mit Blättern spielten, mit irgend etwas,

wenn die Augenblicke sanft dahinfließen, wenn man kaum hört, wie still, wie heiter es ist – da ist nichts, sie wachsen nur. (Wer länger unter Kindern gearbeitet hat, muß die nahe Verwandtschaft des Pflanzen- und Menschenlebens gespürt haben.) Eine Boshaftigkeit, die keine logische Begründung findet. Nicht immer ist es Mangel an Interesse, sondern manchmal ein eindeutiger Trieb, zu stören, Schwierigkeiten zu machen. Sie bauen etwas – da bringt er es mit geschickter, hinterlistiger Bewegung zum Einsturz, schlägt und nimmt weg, wirft ihnen Sand in die Augen. Er schaut und lächelt. Er sieht sich um, ob der Erzieher nicht hinschaut – kneift sie, schlägt sie – geschickt, unversehens – und geht weg, sucht ein neues Opfer.
Im Wald – auf einer großen Lichtung. Er dribbelt ungeschickt oder setzt sich hin und wählt aus. Und schon strebt er entschieden los.
Ich habe keine Notizen gemacht – es war keine Zeit. Ein paar Bilder entnehme ich dem Gedächtnis. Da sitzt ein stiller Eigenbrötler, fern von den anderen. Etwa dreißig volle Schritte weitab, schon hinter der erlaubten Linie im Wald. Er hält einen Tannenzapfen – legt ihn von einer Hand in die andere, lächelt, schaut sich um. Er fährt mit dem Finger über dessen rauhe Schuppen. Sammlung, Erstaunen, Untersuchung. Der Störenfried hat ihn erspäht. Er kommt schräg von hinten, stolpert unterwegs über eine Wurzel, es hat weh getan, er humpelt. Aber er geht entschlossen heran, entreißt dem anderen den Tannenzapfen, schlägt ihm zweimal ins Gesicht, wirft den Tannenzapfen weg, versteckt sich hinter einem Busch. Stille Tränen des Betroffenen.
Ein Grüppchen von vier, fünf. Ein kleiner Kreis. Sie sitzen – und singen. Nach einer Weile ein Schrei, Verwirrung. Er hat sie gezwickt – mit dem Fuß getreten – geschlagen. Die Aufsichtsperson kommt zu Hilfe. Der Angreifer steht da, die Brauen gefurcht, den Kopf gesenkt. Passiv erwartet er die Strafe. Oder er ist voll Auflehnung, bereit, den Angriff abzuwehren, sich zu verteidigen. Herumgebalge, Geschrei, Krach.
So etwas geschieht an einem sonnigen Sommertag im weiten Gelände, wo hundert interessante Dinge die Aufmerksamkeit fesseln. Alles ruft auf zur Eintracht, zu wohlwollender Einigung und leichtem Aus-dem-Wege-Gehen. Ich frage mich jetzt, was im Zimmer, im Winter geschehen muß. Ich frage mich, mit welcher Summe von Leid, mit welcher Nervenreaktion eine Schar Erwachsener antworten würde, die gezwungen wäre, mit einem aggressiven, brutalen Individuum, mit seinen banditenhaften Taten zu leben. Hier ist es für mich gleichgültig, inwieweit die eindeutig kriminellen Taten der kleinen Schädlinge das Ergebnis angeborener Kriminalität und inwieweit sie das Ergebnis erworbener Boshaftigkeit sind. Wie man das heilen, wie lange die

Heilung dauern wird – das ist eine Frage ganz anderer Art. Eines ist klar: man muß diese Kinder absondern, isolieren. Sie vergiften die Atmosphäre, stecken an. Dieser psychische Scharlach erfordert besondere Pflege, andere Bedingungen, eine wachsame und fachgemäße Untersuchung. Diese Kinder darf man nicht mit der Schar der Gesunden vermischen. Man darf es nicht, denn sonst läuft man Gefahr, daß alle Kinder des Vorschulinternats geistig verkrüppelt, moralisch angefault ins Leben gehen. Ich muß hinzufügen, daß unter diesen Besessenen sexuell Abartige sind. Klagen über schädliche Amouren von Minderjährigen erreichten mich mehrfach von seiten wachsamerer Fröbel-Kindergärtnerinnen. Aus der Nähe beobachtete ich einige Kindergartenzöglinge in meinem Internat. Es brauchte lange Monate, ja – in einem Fall – Jahre, damit die Wunden der frühesten Kindheit heilten. Ich kann den Wert der Erziehungsmethode von Montessori nicht beurteilen! Aber ihr unsterbliches Verdienst wird es bleiben, daß sie das Problem der Kinder dieses Alters berührt hat, für das die Pflege durch Kindermädchen – ganz gleich welcher Art die Pflege war – ausreichend erschien.

Es wäre lächerlich, Straf- oder Besserungsanstalten für fünfjährige Kriminelle zu verlangen. Aber auch für diese verhaltensgestörte Jugend fordern wir Heilanstalten. In größerem Maße sind sie für die Jüngsten vonnöten. Denn diese Gruppe ist völlig hilflos, denn sie kann sich nicht selber schützen, denn das Fürsorgepersonal kann, versteht und weiß sie nicht zu lenken, sondern nimmt einzig und allein zur Methode Zuflucht, ihnen einen Klaps zu versetzen und sie in eine dunkle Zelle zu sperren.

15 Für den Schutz des Kindes

Seit 20 Jahren liegt in meinem Schreibtisch das Konzept einer Broschüre »Onanie bei Jungen«. Ein verantwortungsvolles, schwieriges Thema, obendrein beschmutzt durch Sensation, erstickt durch Prüderie. Deshalb mein Schwanken und Zögern; das Warten auf immer neue Beiträge, die nur langsam eintreffen, wenn sie nicht unkritisch gesammeltes Material aus irgendwelchen zweifelhaften Beobachtungen, aus irgend jemandes Berichten oder (noch schlimmer) Bekenntnissen sein sollen. Je aufdringlicher die einen eine Antwort fordern, desto verbissener schweigen jene, welche berechtigt und verpflichtet sind, Antwort zu geben. Das Problem kam nicht von der Stelle, und die Gefahr ist im Wachsen.

Das Kind erlebt erotische Bewegungen, aber es hat keine Begierde und keine bewußten sexuellen Empfindungen. So war es, so kann es weiterhin sein, aber es muß nicht so sein. Das Kind kann durch Gewalt hineingezogen oder durch List eingewöhnt werden in sexuelle Erlebnisse; seine Demoralisierung kann sich ausweiten und verwurzeln. Die Vorkriegsbeispiele aus Berlin und Paris sollten eine Warnung sein; dort stand es schon vor dem Kriege schlecht, bei uns kann es damit in gar nicht so langer Zeit noch übler stehen. Aus diesem Grunde schreibe ich, wobei ich mich auf wenige Fälle stütze, in denen ich als Sachverständiger Kinder vernommen habe, die Opfer von Sexualdelikten wurden; diese lassen für die Zukunft Düsteres ahnen.

Das Gebiet: die Stadt Warschau, die Vorstädte, das Kreisgebiet. – Die Reihenfolge, in der ich die mir bekanntgewordenen Fälle durchgehen will, ist folgende: Eltern, Kinder, Verführer.

In nur einem von über zwanzig Fällen vertraute ein Kind der Mutter spontan das Geheimnis an. Sie hatte von der Freundin einen Zettel bekommen – einen Brief etwa folgenden Inhalts: »Ich war bei einem Herrn, er hat mit mir Ferkeleien gemacht und 4 Zloty gegeben; willst du mit mir dorthin gehen?« Nach der Schule übergab das Mädchen der Mutter den Zettel.

In allen übrigen Fällen verheimlichte das Kind; die Mutter erfuhr auf indirektem Wege davon.

In einem Fall vertraute das Mädchen das Geheimnis einer erwachsenen Person an. Als es zufällig den Kinderverderber erblickte, spuckte es aus und sagte: »Dieser Schweinigel da.« Gefragt, warum es sich so häßlich äußere,

erzählte es offen, was er mit ihm anstellen wollte. Selbst hier, wo das Mädchen ohne Schuld war, wagte es nicht, sich anzuvertrauen, ja – sich vor den Eltern zu rühmen, daß es dem Druck siegreich widerstanden habe.
Die tiefsitzende Überzeugung, daß das »Ferkeleien« sind, verachtenswerte und häßliche Dinge, assoziiert sich mit dem ebenso starken Prinzip, daß man mit den Eltern über diese Dinge nicht sprechen darf. Der Grund des Verheimlichens ist nicht: ›Ich habe mich geschämt‹, sondern: ›Ich fürchtete mich, es zu sagen.‹ Sie haben Angst, wenn die Eltern schlagen und wenn sie nicht schlagen. ›Denn Mutti wird ein Geschrei machen.‹
Nicht selten ist es schlimmer: die Autorität der Erwachsenen reicht als Entschuldigung dafür, die Tatsache zu verheimlichen; eine Tat, auch wenn sie strafwürdig, aber mit einem Erwachsenen begangen ist, den man ja achten soll, verliert ihr Brandmal, schlimmer noch: das Kind kann meinen, das sei nicht der Rede wert.
Wenn das Kind aus Angst vor dem Angreifer nicht schreit, sondern nur mit einer Klage vor den Eltern droht, so setzt es doch die Drohung nicht in die Tat um.
Ein Vorbehalt: selbst wenn das Material der gesammelten Beobachtungen reicher wäre, würde es Schlüsse nur auf jene Fälle zulassen, die Gegenstand der gerichtlichen Untersuchung wurden; in dem flüchtigen Artikel habe ich, neben der Festlegung von Richtlinien für die eigene weitere Beobachtung, die Aufgabe, Wachsamkeit zu wecken, zu alarmieren. Große Schwierigkeit hatte ich damit, für ihn eine passende Überschrift zu finden.
Beunruhigend ist die Tatsache, daß die Motive für eine Anklage nicht allzu erbaulich sind: in vier Fällen handelt es sich ganz offensichtlich um Rachsucht – um Streit, nachbarliche Fehden; wenn dies nicht gewesen wäre, wäre die Mutter nicht vorstellig geworden. Ob ein Fall entlarvt wird, darüber entscheidet also der Zufall: Nebengründe spielen eine Rolle, wenn man verlangt, daß die Behörden eingreifen. Es ist zu befürchten, daß nur ein unbedeutender Teil dieser Dinge an die Gerichte kommt.
In einem Fall einer – wenn nicht falschen, so doch stark übertriebenen – Anschuldigung erhob eine Mutter Klage aus Sensationslust. In zwei anderen läßt sich übermäßige Besorgnis feststellen. Eine Mutter vermutet eine Vergewaltigung, die sich ein Halbwüchsiger an der sechsjährigen Tochter im Schnee zuschulden kommen lassen haben soll, ohne das Trikotleibchen auszuziehen. Wieder eine andere sieht einen Schuldbeweis darin, daß der Untermieter dem vierjährigen Kind Bonbons schenkte und daß es »rot« von ihm herauskam. Das ist Überempfindlichkeit, aber rührt sie nicht aus der Erfah-

rung her, daß das Böse existiert, sowie aus der Hilflosigkeit gegenüber den Gefahren, die das Kind bedrohen?
Düstere Überlegungen weckt die Tatsache, daß ich nur in einem Fall den gesunden Reflex einer rechtschaffenen Frau fand, die, obwohl sie dabei die eigene Ruhe aufs Spiel setzte, ein Kind schützte, als sie es in einer gefährlichen Situation sah, und die entschieden darauf drängte, daß das verbrecherische Bemühen an die Öffentlichkeit kam. – Schließlich ist das Gerichtsverfahren unangenehm für die geschädigte Seite; peinliches Aufsehen, Angst vor Rache, Zeitverlust und eine zweifelhafte Genugtuung.
Die Rolle des Vaters nimmt sich im Lichte meiner Fälle ganz unrühmlich aus. »Das ist Weibergewäsch, sind Weiberangelegenheiten. – Ihr ist nichts passiert.« – Der Angeklagte war ein Saufkumpan, der Vater neigte dazu, den guten Kumpel zu verteidigen. Einmal handelte eine Mutter gegen den Willen des Mannes, der ihr mit Schlägen drohte. »Das ist mein Blut«, verteidigte die Mutter ihre Rechte. Nur einmal sah ich stille Tränen bei einem Vater: »Hat er sie auch nicht verletzt?« Kennzeichnend für die Passivität in derartigen Fragen mag die Aussage eines Zeugen sein. »Jawohl, er hat gesehen, daß Mädchen in den Laden gehn, er hat ihr Lachen und Quietschen hinter der Bretterwand gehört – sie kamen allein oder zu zweit; das ist ein paar Jahre so gegangen; aber er hat in seiner Naivität nichts Böses vermutet, er weiß nicht, was sie dort gemacht haben; er ließ sich mit der Erklärung des Arbeitgebers abspeisen, dies seien die Kinder eines Kusins und von Bekannten.«
Zorn ist eine große Strafe für sensible Kinder – davon scheinen Erwachsene nichts zu wissen.
Nur in drei Fällen gehörten die bedrängten Kinder nicht zu den ärmsten Schichten, und in zweien davon handelte es sich um Spekulation. Ich habe den Verdacht, daß die Anklage im Ergebnis gescheiterter Verhandlungen entstand; einmal erschien der vermittelnde Rechtsanwalt als deutlich schillernde Figur. Daß die Kinder vom Hinterhof stärker bedroht sein können, scheint verständlich, ob es so ist, läßt sich schwer feststellen; wenn Dienstboten und Erzieherinnen (Erzieher) aus der Kategorie der »sexuell Ausgehungerten« die Kinder zum Objekt ihrer geilen Unternehmungen wählen, drängt sich die Vermutung auf, daß alles in noch größerer Geheimhaltung vor den Eltern abläuft, um so mehr vor Gericht. Auf diesen Gedanken kam ich durch drei bekannte Fälle; die Furcht vor Kompromittierung des Kindes kann ein Hemmschuh sein. Im übrigen auch der eigene Ruf, wenn nebenher mangelnde Aufsicht oder Vernachlässigung von seiten der Eltern oder peinliche Familiengeheimnisse ans Tageslicht kommen . . .

Ohne Zeit mit Verlautbarungen zu verlieren, daß das Verhältnis des Kindes zu den Eltern auf herzlichem Vertrauen gründen muß u.ä., gehe ich zum zweiten Teil über.

Wie verhält sich das Kind? – Es ist erschrocken, ist weggelaufen; es hat sich losgerissen und lief davon; es droht, um Hilfe zu schreien, es den Eltern zu sagen; es gibt passiv nach, ohne sich darüber klarzuwerden, was man mit ihm anstellt; es gibt sich – angelockt, bestochen – hin.

Die Berichte von »älteren« (zehnjährigen) Mädchen muß man mit weitgehenden Vorbehalten aufnehmen. Die Sache wurde daheim besprochen; die Mutter hat es ausgefragt, weil sie eine Mitschuld feststellen oder das Kind von Schuld säubern wollte; die Aussagen wurden schon einmal bei der Polizei gemacht; es ist manchmal längere Zeit (Wochen – Monate) vergangen, bevor im Dienstzimmer des Untersuchungsrichters das Gespräch mit dem Sachverständigen in Anwesenheit mehrerer Personen stattfindet. Bedingungen, die alles anders als günstig sind für ehrliche vertrauliche Aussagen; im übrigen wäre es eine zu schwere Pflicht, darauf zu drängen, daß Einzelheiten enthüllt werden: das Kind hat ein Recht, zu verheimlichen, daß es sich durch eine Belohnung oder das Versprechen eines Vorteils verführen ließ.

Hier differieren die Intentionen der Untersuchungsbehörde am stärksten von der Aufgabe des Sachverständigen; das neue Strafgesetzbuch erleichtert die Angelegenheit sehr. Es geht nicht darum, mit welchen Mitteln das Verbrechen versucht oder begangen wurde, welche Hindernisse und Widerstände eine Durchführung behinderten, wie viele Male, wie oft und um welchen Preis. Das Kind hat das Recht, nicht zu wissen, sich nicht zu erinnern, den Suggestionen früherer Gespräche und eigener Reflexionen zu erliegen, hat das Recht, bewußt zu lügen. Wenn es nicht schmerzt, ist es zudem nicht in dem Maße unangenehm, daß die Unannehmlichkeit nicht gesühnt würde – es kann sich einmal oder mehrmals haben verführen lassen, und wenn es durchschaut hat, daß es mitschuldig (wie?) geworden ist, kann es seine Ehre durch eine offensichtliche Lüge oder durch Verschweigen schützen. Selbst wenn wir zur Antwort bekommen: »Ich hab mich selber aufs Bett gelegt«, oder »Ich wußte, weshalb er mich rief«, wird sie wertlos sein.

Oberste Aufgabe des Sachverständigen scheint es zu sein, den »Grad des Erkennens« zu bestimmen. Wenn ich recht habe, daß dem Kind sexuelle Begierden fremd sind, dann stehen auch die Tatsachen selbst und ihre Interpretation unter dem Zeichen fehlender Erkenntnis. Nein, mir geht es darum, ob man das Kind geheißen oder gelehrt hat, falsch auszusagen; ob die mit einem anderen zu anderer Zeit und an einem anderen Ort gemachten Erfahrungen nicht zu einer falschen Anschuldigung gebraucht wurden; ob wir es nicht mit Pseudologie zu tun haben, mit einem Phantasiegespinst, das durch irgendwessen Erzählung oder Suggestion ausgelöst wurde. – Hier weckte jeder Fall Zweifel, der Unterschied liegt in deren Grad. Aber stößt der Untersuchungsrichter nicht auf die gleichen Schwierigkeiten, wenn er Erwachsene befragt?

Das Kind hat Angst und kein Vertrauen. Das ist seine ständige Haltung. Es erklärt sich mit einer Handlung einverstanden oder nicht, es bekennt oder verheimlicht – der Entscheidung zugrunde liegen Furcht und Mißtrauen; vollends abhängig von den Eltern im Hause, vom Lehrer in der Schule, mißachtet und unverstanden, eingeschlossen in die streng isolierte Welt seiner Kindheitserlebnisse und -bestrebungen, wird es erstaunt, desorientiert, fügsam und wachsam mit einer mächtigen, geheimnisvollen und erdrückenden Organisation konfrontiert.

In keinem Fall stellte ich fest, daß das Kind sich stolz fühlte über die Rolle, die ihm zufiel; und es waren verschiedenerlei Kinder darunter.

Die wohl größte Gefahr scheint darin zu bestehen, daß ein Kind – das nur so viel weiß, das dies »Ferkeleien« sind, daß es nicht schön ist (auch in der Nase bohren ist nicht schön, und ebensowenig schön ist es, in die Hosen zu machen) –, diese Dinge unterschätzt und bagatellisiert, gewohnt daran, Streiche zu verbergen und Verbote zu umgehen, gelangweilt und begierig nach Abenteuern, sehnsüchtig nach dem verlangend, wofür die Erwachsenen die knappen Groschen zählen (Süßigkeiten, Unterhaltung, Spiel), daß es sich deshalb leicht verführen läßt und das tief verheimlicht.

Die gesunde Meinung der Altersgenossen, die das aufhellen, die es beschimpfen und quälen werden – das ist ein starker Hemmschuh. – Ich habe es mir nicht notiert, ich erinnere mich nicht, aber mir scheint, daß die Kinder dann zu weinen begannen, wenn die Rede darauf kam, daß man ihnen jetzt auf dem Hof, in der Schule zusetzen werde. Leider weiß ich, daß »dein Verlobter – dein Mann« in der Kinderwelt Schimpfworte sind; Boshaftigkeit und Spott operieren damit. Eine schwierige Angelegenheit, der Ausweg daraus ist kompliziert.

In diesen »Mangel an Erkenntnis« des Kindes dringt oder schleicht sich der reife und bewußte böse Wille ein. – Man nimmt das Mädchen auf den Arm oder trägt es huckepack, danach legt man es an abgeschiedener Stelle ins Gras; setzt es aufs Pferd, um es ein wenig spazierenreiten zu lassen, setzt sich selber hinten drauf, dreht es zu sich um; man lockt es in eine verlassene Gegend, wobei man ihm eine Puppe verspricht, die dort verborgen sei; man läßt es zuschauen, wie Eis gemacht wird, gibt ihm zu kosten und wartet auf eine Gelegenheit; man verspricht ihm eine Schlittenfahrt; man schickt es nach Zigaretten, verspricht ihm Schokolade; man gibt dem Mädchen Parfüm, läßt es als Probe an einem parfümierten Taschentuch schnuppern; verspricht und gibt Süßigkeiten; ein Nachbar, ein Freund des Vaters.

Das Alter der Angeklagten: 15 Jahre und 60 Jahre, die Zeit, in der Begierden oder Potenz erwachen und versiegen, aber auch das Lebensalter der Fülle sowohl der Lebenskräfte und -möglichkeiten, seine Bedürfnisse zu befriedigen. – Wenn der Sachverständige – als fester Beamter, nicht nur als Sonntagsgast – auch die Angeklagten befragen würde, wäre das Material vollständiger. Wenn es ein Handelsgericht gibt, einen Richter für Presse- oder politische Angelegenheiten, wäre ein Experte wünschenswert, der in Kenntnis der kindlichen Psyche, der Lage des Kindes in der Gesellschaft bei der Untersuchung eines erwachsenen Verführers Anhaltspunkte herauskristallieren könnte, die die Lüge der Erwachsenen festnageln und im anderen Fall die Verteidigung eines unschuldig Verdächtigten erleichtern.
Die Tatsache, daß unter den Angeklagten drei eindeutig geistig zurückgeblieben und drei entweder pathologisch leichtsinnig oder ausgesprochen frech und wegen ihrer Straflosigkeit unverschämt waren, erfordert keinen Kommentar.
Nur in einem Fall lernte ich umsichtige und präzise Arbeit kennen. – Er borgt dem Mädchen einen Schlitten; nachdem er sie so in die Wohnung gelockt hat, hat er in der Diele einen bösartigen Hund zur Wache. Er macht das Opfer mit angewärmtem Schnaps trunken und läßt es für kurze Zeit allein im Zimmer; auf dem Tisch läßt er Bonbons oder Geld zurück; nach der Rückkehr ins Zimmer stellt er fest, daß es weg ist; das erleichtert ihm die Aufgabe, das Kind stillzuhalten und einzuschüchtern. – Ist es ihm nur deshalb einmal nicht gelungen, weil das Kind die einzige Tochter eines verdienten Kriegsinvaliden und einer Hebamme, also von der Natur der Sache her teilweise aufgeklärt war; im übrigen verhinderte auch hier der Zufall die Tat. In zwei Fällen handelte es sich um Töchter von Hebammen. Ein Zusammentreffen von Umständen oder ein Thema, das des Überlegens wert wäre.
Kinder sind überfallen worden – von wem, von wie vielen? – Man spricht davon im geheimen vor den Erziehungsberechtigten. Jede wachsamere Mutter warnt das Kind, sich in Gespräche mit Fremden auf der Straße einzulassen; aber was geschieht dort, wo unter vielen Bekannten sich ein entartetes Subjekt findet? – Kann nicht die Seuche den ganzen Flur, den ganzen Hof,

die ganze Siedlung erfassen? Säen nicht Kinder, die sexuell sensibilisiert sind und ins jugendliche Alter hineinwachsen, die Seuche unter jüngeren aus? Weiten nicht die Grundschule, die Halbkolonien, die Ferienkolonien, die kulturellen Begegnungsstätten, der Kontakt der mehr oder weniger Widerstandsfähigen mit den Infizierten die sporadischen Fälle zu dauerhaften Endemien aus?
Was kann die Schule im Rahmen des gängigen Verständnisses dieser Dinge tun? – Zumindest darauf aufmerksam machen, daß unter den Erwachsenen scheinbar normale Wahnsinnige sind, vor denen man sich in acht nehmen muß, weil sie gefährlich sind; daß die Kinder über jeden Fall einer verdächtigen Belästigung schnell und offen sprechen müssen. – Wie es heißt, kennt jedes Kind in Paris die Bezeichnung »Satyr« und fürchtet diesen, meidet ihn, ohne unbedingt zu wissen, worin die Abnormität und Gefahr besteht. Wir haben zahlreiche pädagogische Zeitschriften; Aufgabe der Lehrerschaft ist es, Befürchtungen zu bestätigen oder zu beseitigen.
Zum Schluß zwei Fälle, wo Jungen Objekt von Unzuchttätern waren. In einem davon wußten die Eltern von der Neigung eines Lehrjungen, sie duldeten ihn nach einer Ermahnung noch zwei Jahre bei sich und erhoben erst dann Anklage, als der Bursche einen Diebstahl beging; vor diesem Hintergrund kamen irgendwelche Rechnungen zutage. Es drängt sich die Frage auf, ob Vergehen an Jungen bei uns tatsächlich so ungewöhnlich selten sind oder ob die Wachsamkeit in dieser Hinsicht noch geringer und die Unterschätzung noch größer ist? Nach beiläufigen Berichten zu urteilen, wäre ich geneigt, eher diese zweite Vermutung als richtig anzusehen.

III. O selig, o selig, ein Kind noch zu sein…?

16 Kinder, sie sind...

Es passierte mittags bei Tisch in der Pension. Elf Erwachsene: davon kann man zehn nur – jawohl, und zwei – kommt drauf an.
(Auf dem Lande ist es schlecht um die entsprechende Gesellschaft bestellt . . .)
– Kinder – sind die Zukunft der Nation – erklärte eine der Damen, indem sie den Dessertlöffel zum Munde führte.
(Es wurde vorher über die Kinder gesprochen.) Stille.
Alle Anwesenden schauten die Dame, die einen solchen pathetischen Satz aussprach, mit Anerkennung an.
(Ihr Sohn beendet die erste Klasse der Privatschule des wohlgeborenen Herrn Rontaler, und ihre Tochter »geht« zu Frau Tolwinska – glückliche Kleinen, eine solche intelligente Mutter zu besitzen.)
– Es ist so – unterbrach einer der Herren die feierliche Stille – die Kinder sind die Zukunft der Nation.
Da begann er am Hühnerknochen zu nagen.
Dieser Herr, der an dem Knochen des gebratenen Huhns nagte, hatte den Ruf eines klugen Menschen (fünftausend jährlich nur Gehalt) und zwei Söhne im Gymnasium – deshalb wurde seine Bemerkung mit bemerkenswerter Andacht aufgenommen.
– Die Zukunft der Nation sind die Kinder – sagte eine weitere Dame mit Seufzen, indem sie auf ihren Teller Karotten und Erbsen lud.
Der gut plazierte Seufzer fand allgemeinen Beifall. Alle waren mit dem Ausklang der intelligenten Unterhaltung zufrieden, denn sie hatte den Vorteil, nicht langweilig und schleppend zu sein – und trotzdem kein gewöhnliches, abgeflachtes, schablonenhaftes Geschwätz.
Nur ein Mensch fühlte sich unzufrieden. Es war »nur so einer«: ein Lehrer oder so etwas Ähnliches, er hustete nachts – war langweilig und mürrisch.
Er bewegte sich ungeduldig hin und her, wie er es immer tat, wenn er unaufgefordert am Gespräch teilnehmen wollte, und unterbrach plötzlich die Stille:
– Sie haben alle recht – nur diesen Satz muß man verstehen, muß man sehr gut verstehen, denn sonst sollte man überhaupt nicht darüber sprechen, um sich nicht lächerlich zu machen – obwohl das gar nicht lächerlich ist.

Ein Protestgemurmel der Tischrunde wurde laut – das Gemurmel nahm zu – Seitenblicke und giftiges Lachen trafen den Redner.
– Herr Professor, wir verstehen – betonte deutlich und langsam der Kluge (fünftausend Rubel jährliches Einkommen), indem er an seinem Hühnerknochen nagte.
– Nein – protestierte dieser »nur so einer« impertinent und mit voller Wucht schob er seinen Teller beiseite.
Dieser Mensch kann wahrhaftig keine zwei Tätigkeiten auf einmal ausüben: sich unterhalten und essen.
– Aber wir versichern noch einmal, Herr Professor, daß wir Sie verstehen – erwiderte er friedlich (fünftausend nur Gehalt).
– Nein – schrie dieser »nur so einer«. Man sollte es sich vor Augen halten. Wenn Ihr alle das verstehen würdet, dann könntet Ihr nicht mit so stoischer Ruhe Eure Kompotte, Hähnchen und Karotten essen.
In der letzten Zeit machte sich eine abscheuliche Kategorie von Menschen breit, die man, schonend ausgedrückt, überempfindlich nennen könnte. Diese Leute stellen sich vor, daß man bei einer Pastete nicht von einer Überschwemmung oder im Konzert nicht über das Los der Findelkinder sprechen darf.
– Für mich ist der Begriff: junge Generation – ein Bild, mein Herr. Ich habe beim Begriff: junge Generation, mich selbst morsch, verfault, von Würmern zerfressen im Grab, vor Augen.
– Er fängt wieder an – ertönte eine ungeduldige Stimme.
– Und jene einjährigen und dreijährigen Kinder sehe ich als erwachsene Männer und Väter, als erwachsene Frauen und Mütter.
– Und dabei vergeht Ihnen der Appetit? bemerkte jemand ironisch.
– Ich sehe, wie sie in den nächsten dreißig Jahren Hähnchen essen, flirten, ihre beruflichen Positionen einnehmen, Bälle und Konzerte organisieren, Kleider aus Tüll mit diskretem Dekolleté tragen; sie werden Zeitungen und einfache Erzählungen lesen, Durchschnittsgespräche führen ... Dieser zweijährige Kasimir oder Josef wird eine große Mitgift wittern, und die jetzt zweijährigen Mariechen, Sophiechen, Hedwiglein oder Helenchen werden versuchen, sich mit ihrer Anmut, einen reichen Mann – der ihnen Kleider spendiert ... zu angeln ... Dieser einjährige Josef, Stanislaus oder Wladimir werden den betagten Ehefrauen den Hof machen und gleichzeitig eine leichte Beute auf den Straßen der Großstadt versuchen einzufangen, und die blonde, heute noch plappernde Johanna oder Henriette oder Bronislava werden vielleicht für die Sünden ihrer Ehemänner büßen müssen.

– Mein Herr, jetzt reicht's. Sechs der verärgerten Personen erhoben sich vom Tisch.
– Warum sind Sie so aufgebracht, meine Herrschaften? Ich würde Ihnen das nicht erzählen, wenn Sie mir nicht so feierlich bestätigt hätten, daß Sie die Phrase: »Kinder sind die Zukunft der Nation« verstehen. Die Zeit vergeht schnell. Zwanzig Jahre – sind eine kurze Zeit . . . Wir können uns alle doch auch noch sehr gut an unsere kurzen Höschen und Kleider bis zum Knie erinnern. Die Peitsche, die Puppe – nicht wahr – es scheint, daß wir uns erst gestern davon verabschiedet haben? . . .
Zwei weitere Personen verließen ihren Platz bei Tisch und die letzten schoben mit einem Beigeschmack die Teller von sich.
– Ich vertrage keine Phrasen, keine gefühllosen Sätze, die man wie farbige Aushängeschilder benutzen kann, die aber niemandem auffallen, weil man täglich zwanzigmal daran vorübergeht; Sätze, die mich an Verzierungen an der Waschschüssel oder an eine Blume am Wasserkrug oder an einem anderen Gefäß erinnern.
– Oh, das ist zuviel, Herr Professor – protestierte zum zweitenmal der allgemein Geschätzte (fünftausend jährlich). Bedenken Sie, was Sie da sagen.
– Entschuldigung, ich habe nur das ausgesprochen, was der mit Achtung von Ihnen zitierte Satz »Kinder sind die Zukunft der Nation« beinhaltet. Wenn Sie, als Sie an dem Hühnerknochen nagten, gesagt hätten »Das Kind ist ein sehr kostspieliges, aber gleichzeitig angenehmes Spielzeug« – da würde ich verbittert gewesen sein, aber trotzdem kein Wort gesagt haben. Wenn Sie gesagt hätten »Man hat Kinder, denn ein verheirateter Mann hat meistens Kinder, denn das ist so angebracht und kommt so von selbst« – würde ich die Stille nicht einmal mit einem Seufzer gestört haben.
– Sie sind ein extremer Mensch.
Die restlichen Tischgäste – verließen ihre Plätze. Dem Lehrer näherte sich ein anderer »nur so einer« und legte ihm sanft die Hand auf die Schulter.
– Ich werde Ihnen ein Märchen erzählen. In Amerika war einmal ein großer Prediger und vorzüglicher Redner. Die New Yorker Aristokratie überredete ihn dazu, in einem der prachtvollsten Tempel zu predigen. Die ganze große Welt versammelte sich: Geschmückte Damen, Herren wie auf einem Ball. Die Atmosphäre war sehr aufgelockert. Man freute sich im voraus auf das nahende Fest. Man nahm an, daß der berühmte Gast sich selbst übertreffen und sie mit seiner Redegabe überwältigen würde. Endlich kam er. Stille. Erwartung. Er aber sagte zu ihnen:
»Meine armseligen, jämmerlichen Schäfchen! Wozu soll ich Euch sagen, wie

Ihr Euch verhalten sollt? Ihr wißt es bereits und wißt es auch ohne mich! Nur wollt Ihr, meine Lieben, nicht anders handeln. Deshalb ist es schade um jedes Wort.«

Und ging weg . . .

17 Bildung

Ich sagte zu meinem Sohn:
– Mein Kind, gebildet muß jeder Mensch sein.
Ich sagte zu meiner Tochter:
– Mein Kind, die Bildung ist für eine Frau auch von Nützlichkeit. Ich sagte beiden:
– Kinder, lernt!
Und gab eine Annonce auf:
»Suche eine Lehrerin mit bescheidenen Ansprüchen für Anfänger. Es wird ein Zimmer mit einem Samowar für eine ruhige Person oder einen anständigen Herrn geboten.«
Es kam eine Lehrerin.
– Geringe Ansprüche?
– Ja.
– Für Anfangsunterricht?
– Ja.
– Wieviel?
– Zehn.
– Sechs.
– Wenig; acht.
– Viel; sieben?
– Gut. Ab wann?
– Ab morgen.
Und so fingen meine Kinder zu lernen an . . .
Im ersten Monat: waren sie noch dumm.
Im zweiten Monat: laufen sie vor den Büchern weg.
Im dritten Monat: werden sie verhauen.
Im vierten Monat: hatten sie keinen Appetit mehr.
Im fünften Monat: waren sie blaß, die Augen vom Weinen geschwollen, sie verdummten noch mehr.
Fünf mal sieben Rubel macht fünfunddreißig Rubel.
– Sie erlauben, daß ich dem Unterricht beiwohne, um mir anzuhören, was Sie lehren.
– Bitte schön.

Ich setzte mich und hörte zu.
– Kinder, bitte, die Hefte herausnehmen. Wir schreiben jetzt ein Diktat.
Die Kinder holen die Hefte hervor und schreiben ein Diktat.
– Ich fange an:
»Die Großmutter studiert mit dem Vergrößerungsglas die Landkarte. Eine Bremsfliege hatte Angst und flog von der Wiese weg. Das Kind weint, und der Vater verbietet dem Apotheker, die Bar zu besuchen. Das Zicklein zerriß der Josefa die Bluse. Der Handel mit Tee und Druckknöpfen bewirkte einen Lärm auf der Schaukel. Glaube nicht, daß das Tier vom Turm fallen konnte. Trink ein Schnäpschen, mein Kleiner, und steig in das Boot ein. Er steckte die Zigarrenspitze in die Muffe und hielt eine Rede. Es wurde laut, denn die Kinder wollten spielen. Wer den Weg geht, trifft die Wahrsagerin und bricht sich das Bein.«
– Genug. Wieso: Großmutter?
– Von Mutter.
– Wieso: Bremsfliege?
– Von Fliege.
– Wieso: weint?
– Ich weiß nicht.
– Du Esel, Dummkopf, Idiot, Clown, Nichtswisser: von weinen! Warum: Zicklein?
– Von Ziege.
Warum: Schnäpschen?
– Ich weiß nicht.
– Ist auch egal. Dekliniere: Großmutter.
– Die Großmutter, der Großmutter, der Großmutter, der Großmutter.
– Wieder paßt Du nicht auf, Du Esel, Dummkopf, Idiot, Clown, Nichtwisser! Wen sehe ich?
– Ich weiß nicht.
– Wieso weißt Du das nicht?
– Ich sehe Sie, Fräulein Lehrerin.
Sie schlägt mit der Faust auf den Tisch.
– Wen sehe ich? die Großmutter sehe ich. Noch einmal.
– Die Großmutter, der Großmutter, der Großmutter, d . . .
Tränen.
– Warum weinst Du?
– Ich habe Angst.
– Du bist ein Heulpeter! die Großmutter.

Du willst nicht lernen. Die Großmütter, der Großmütter. Du wirst ein Esel bleiben! den Großmüttern. Die Welt wird Dich verachten. Die Großmütter. Tränen.
– Erklärt mir jetzt: was ist das, ein Zicklein?
– Ein Tier.
– Du bist ein Kretin: Du kannst nichts. Und was sagst Du, was ist das, ein Zicklein?
– Ein Vogel.
– Du bist eine »Eselin«. Zicklein ist ein Hauptwort. Und was ist ein Hauptwort? Ein Satzgegenstand.
– Gut. Endlich habe ich Euch das eingebleut, Ihr Eselsköpfe. Legt die Hefte weg. Jetzt beginnt das Rechnen.
Tränen.
– Ihr weint schon? Ein Vater hatte sechs Söhne. Die Söhne waren zusammen dreihundertfünfzehn Jahre alt. Der zweite Sohn war zweimal älter als der erste, der dritte – zweimal älter als der zweite, der vierte zweimal älter als der dritte usw. Wie alt war jeder der Söhne? Solche Aufgaben kommen öfter in den Prüfungen vor. Naaa?
Eine erdrückende Stille.
– So, wie alt war der erste Sohn? Schneller.
– Ein Satzgegenstand, Frau Lehrerin.
– Du bist ein Esel, Du kannst nichts! und Du?
– Ein Hauptwort, Fräulein Lehrerin.
– Du bist eine »Eselin«. Auf den ersten Sohn fiel ein Teil der Jahre. Schreibt eine 1. Wieso schaut Ihr mich so an? Könnt Ihr keine Eins schreiben?
Tränen, Tränen, Tränen!
– Der zweite Sohn war zweimal älter. Wie viele Teile der Jahre fielen auf den zweiten Sohn?
– Drei.
– Falsch; Was sagst Du dazu?
– Zwei, Fräulein Lehrerin.
– Gut. Was ist passiert? Was sehe ich?
– Die Großmutter, Fräulein Lehrerin.
– Statt Dummheiten zu reden, sei lieber still. Schreibt: zwei Teile. So, schreibt eine 2. Und weiter 4, schneller 8, 16, 32. Jetzt muß man addieren, dividieren – und es kommt heraus – daß der erste Sohn fünf Jahre alt war, und der älteste – hundertsechzig.
– Kann man so lange leben, Fräulein Lehrerin?

– Um dumme Fragen zu stellen, dazu bist Du hervorragend, aber zum Lernen zu dumm. Ich nahm das nur so als Beispiel. Wieviel ist zwölf mal zwölf?
– Dreihundert.
– Falsch.
– Ich habe die Zahl nur so als Beispiel genannt.
– Willst Du mich verulken, Du Rotznase? Du wirst für morgen vier Buchseiten abschreiben. Und, was sagst Du?
– Ich?
– Ja, Du. Wieviel ist zwölf mal zwölf?
– Vier.
– Und zwei mal zwei?
– Auch vier.
– Sehr gut. Zur Strafe rechnest Du für morgen die Multiplikationsaufgaben: neunundneunzigtausendneunundneunzig geteilt durch neunundneunzig Millionen neunhundertneunundneunzig, neuntausendneunhundertneunundneunzig.
Die Lehrerin steht auf. Die Kinder weinen.
Sehen Sie, wendet sie sich an mich, wie man sich abrackern muß, wieviel man reden muß? Mein Hals ist ganz trocken.
– Ach so: die Großmutter, der Großmutter. Aber wissen Sie: der Großmutter, wen sehe ich? die Großmutter . . . das dieses Wissen: mit der Großmutter, über die Großmutter . . . das sind Kinder!: die Großmütter, der Großmütter können einen ins Grab bringen: den Großmüttern, die Großmütter.
– Und Sie denken, daß das Wissen nur so . . .? Ich lehre so, wie es sein muß. Sie denken vielleicht, daß ich – was?
– Ich glaube ein Hauptwort, Fräulein Lehrerin.
Sie verließ den Raum und schlug die Tür zu.
Und ich sagte den Kindern:
– Wenn nur einer von Euch es wagt, die Bücher in die Hand zu nehmen, breche ich Euch sämtliche Knochen.
Denn ich bin ein gewöhnlicher Mensch, habe Verstand, und normal bin ich wohl auch.

18 Mein Traum

Und so kam es, daß es September wurde. Und so kam es, daß der Tag um zwei Stunden und vierzig Minuten kürzer wurde.
Und so kam es, daß die Stadtbewohner in ihre Winterquartiere zurückkehrten ...
Die Stadtbewohner kamen zurück, um wie jedes Jahr die weißen Schonbezüge von den Möbeln abzunehmen, Dienstboten einzustellen, Bekanntschaften zu machen, zu erneuern und zu pflegen, die Kinder zur Schule anzumelden und die Polstermöbel zu klopfen.
Die Stadtbewohner kamen zurück, um Stoffe für Herbstanzüge zu kaufen, um Konzerte zu besuchen, die Töchter in die Gesellschaft einzuführen, die Fenster für den Winter abzudichten, die Kinder zu bilden und die Mottenkugeln aus den Teppichen zu entfernen.
Die Stadtbewohner kamen zurück, um sich gegenseitig zu besuchen und zu beklatschen, um moderne Kurzgeschichten zu lesen, um nach rechts und links zu schwindeln, um die Gardinen aufzuhängen, das Silber zu putzen, verwässerte Milch zu trinken, um an Wohltätigkeitsveranstaltungen teilzunehmen, um über einige Dinge zu diskutieren, um die Fußböden zu putzen, die Kinder zur Schule zu schicken und um alles abzustauben.
Die Stadtbewohner sind zurückgekommen, um das zu tun, was sie bereits seit vielen Jahren tun und was ihrer Meinung nach einen Sinn hat ...
Alles, was wir tun, denken und was um uns geschieht, hat einen oder hat keinen Sinn.
Zigaretten rauchen, Korsetts tragen, Feuilletons schreiben, Briefmarken sammeln, Zeitschriften gründen, Toasts aussprechen, Empfänge geben und Abschiedsfeste – das alles hat keinen Sinn, und doch gibt es das.
Könnte man nicht in diesem Zusammenhang meinen eigenartigen Traum, diesen nicht gewollten und wenig vergnüglichen – entschuldigen?
Und ich träumte, einen Sohn zu haben ...
Mir träumte, daß ich einen Sohn hätte, der den ganzen Sommer über Diktate schrieb, der alle vier Rechenarten beherrschte und grammatische Übungen; der neun Jahre alt war, ein Netz blauer Äderchen an den Schläfen hatte, eine sehr große Phantasie besaß – und sehr zerstreut war. Ich träumte, daß ich mit dem Sohn an der Hand die Straße entlangging und sagte:

– Paß immer gut auf.
Neben mir ging demütig sein Hauslehrer einher und sagte:
– Gib acht, daß Du immer gut aufpaßt.
Wir gingen beide, zitternd, stolpernd, wankend und sagten:
– Junge, mein Gott, paß auf, gib immer gut acht.
Und dieser – mit einer Tüte in der Hand, vollgestopft mit zwei Blatt Linienpapier, einem Federhalter und zwei Stahlfedern als Reserve, antwortete einherhüpfend:
– Papa, Du brauchst keine Angst zu haben . . .
Ist es wahr, daß ein Elefant, wenn er von einer Spinne in den Rüssel gestochen wird, toll wird?
Ich blieb wie vom Blitz getroffen stehen.
– Junge, was redest Du da? Was gehen Dich der Elefant, der Rüssel und die Spinne an? Du sollst an die grammatischen Übungen denken.
– An die grammatischen Übungen – wiederholte dumpf der Hauslehrer.
– An die grammatischen Übungen – wiederholen wir beide zutiefst erschrokken.
Der Junge ließ den Kopf hängen und schwieg.
Wir waren am Ziel.
Auf dem Schulhof waren viele Väter, Mütter und Jungen versammelt. Brrr! wie ich sie alle haßte – diese Prüflinge und Konkurrenten . . . Auf einmal wogte die Menge auseinander und machte einem Mann Platz, in dessen Händen das Schicksal meines Sohnes lag. Ich näherte mich ihm und beugte mich vor. Ich wollte sprechen, aber mir blieb die Stimme im Hals stecken. Er machte mir ein Zeichen, daß ich mich aufrichten sollte. Ich blieb stehen und sah, daß alle um mich herum knieten. Ich kniete ebenfalls. Stille.
Und plötzlich hörte ich, wie mein Sohn diese durch nichts unterbrochene Stille mit lauter Stimme unterbrach:
– Papa, dieser Herr ähnelt dem Robinson Crusoe aus meinem Buch.
Ich ergriff eine Axt und wütend stürzte ich mich auf den Kleinen, aber man hielt mich zurück.
Wer würde schon in Träumen einen Sinn suchen?
– Paß auf. Paß wenigstens jetzt auf – bat ich ihn – ich kaufe Dir Himbeerwasser und eine Uhr.
– Mit einem Deckel, oder zweien?
– Mit zwei.
– Und Schlittschuhe?
– Und Schlittschuhe.

– Und Rosinenbrot!
– Und Rosinenbrot.
Er bestand die Prüfung.
Ich stellte ihn auf den Rathausturm, ich fuhr mit ihm durch die ganze Stadt und rief:
– Er bestand, bestand, bestand!
Und die Leute warfen die Mützen hoch und küßten mir die Hände.
Wer würde schon in den Träumen einen Sinn suchen?
Plötzlich erfuhr ich, daß es viele Prüflinge gab. Ich hatte ein langes Messer in der Hand und vor mir – Hunderte von Müttern, Vätern und ihre Kinder.
Ich stürzte mich in die Menge und begann zu töten.
Und mein Sohn gewann . . .
Meine Frau erzählte am nächsten Morgen, daß ich im Schlaf geschrien hätte, mit den Armen um mich geschlagen und daß mir auf der Stirn kalter Schweiß ausgebrochen wäre.
Aber das war noch nicht alles.
Mein Sohn wuchs heran.
Erstaunt stellte ich fest, daß sein Körper schrumpfte und sein Kopf immer größer wurde.
Anfangs widmete ich dieser Erscheinung keine Aufmerksamkeit. Ich konzentrierte mich auf hundertmal wichtigere Dinge: Mein Junge wußte nicht, wo der Ätna lag und in welchem Jahr Karl der Große geboren war – in diesen Momenten haßte ich ihn, kratzte ihm die Augen aus, ließ ihn hungern. Wenn er die ersehnte »Zwei« nach Hause brachte, verwandelte ich mich in seinen Anbeter, seinen ergebenen Diener, Sklaven. Er konnte dann über meine Person unbegrenzt verfügen.
Und so war ich abwechselnd einmal sein Henker und sein Opfer.
Bis es geschah.
Wer würde schon in Träumen einen Sinn suchen?
Mein Sohn ging die Straße entlang.
Auf den dünnen Stöckchen von Beinen schwankte der große Kopf – keine Spur von Körper– aus den Backen wuchsen ihm zwei kleine Ärmchen, so klein wie bei einem Säugling.
Ich stützte ihn, denn die Stöckchenbeine konnten seinen ungeheuer großen Kopf nicht in Gleichgewicht halten.
Ich ging neben ihm, mit einem Zweig verscheuchte ich die Fliegenschwärme aus seinem Gesicht. Hinter uns liefen Straßenjungen mit Geschrei:
Oh, der Dumme kommt, der Dumme, der Dumme!

Wir näherten uns dem Tor eines großen Gebäudes.
Ich fiel vor dem mächtigen Mann auf die Knie und rief:
– Gebt ihm eine Pflegestelle.
– Alle besetzt – entgegnete der Mächtige.
– Gebt ihm eine Pflegestelle, denn Ihr seht doch, daß er vom Lernen ganz geschwächt ist.
Und dort tief unten schreit die Menge:
– Der Dumme, Dumme, Dumme!
Und mein Sohn weinte.
Und ich wachte auf.

19 Die Unglücklichen

Warum, mein Junge, siehst Du so schlecht aus? – fragte ich.
Er seufzte, gähnte, schaute mich grimmig an und sagte:
– Weil es mir auf dieser Welt schlechtgeht.
Ich machte eine ungeduldige Geste.
– Bist Du unzufrieden? . . . ach so, der Papa gibt Dir nicht so viel, wie Du gern möchtest, was?
– Onkel, Du irrst Dich; vom Papa bekomme ich mehr als ich möchte – antwortete er.
– Ist es vielleicht eine Herzensangelegenheit? . . . Hast Du Dich verliebt?
– Nein, ich habe mich nicht verliebt; Du errätst es nicht.
– Sag mir es doch, hab keine Angst . . . Falls ich Dir nicht helfen kann, so kann ich Dir auch nicht schaden.
– Aber nein: ich habe mich nicht verliebt und werde mich auch nicht verlieben.
– Haha. Dein Ernst? Vielleicht bist Du krank?
– Ich bin der gesündeste Mensch der Welt.
– Vielleicht langweilst Du Dich nur?
Stille.
– Hat Dich der Karneval enttäuscht?
– Ich pfeife auf den Karneval . . . Ob ich mich langweile? . . .
Weißt Du, Onkel, das größte Unglück ist das abscheuliche, glitschige, bestaubte, schmutzige Glück!
– Wie? Was hast Du gesagt? Schmutziges Glück . . .? Also hast Du Dich in einen Skandal verwickeln lassen oder so etwas Ähnliches und jetzt Gewissensbisse – wie?
– Onkel, Du verstehst mich nicht; niemand versteht mich.
Für Euch ist die Seele einem Taschentuch gleich, das schmutzig oder sauber, ganz oder zerrissen sein kann, das man verschmutzen, waschen, parfümieren, knittern, glätten und dutzendweise besticken kann . . .
Ihr fangt erst dann an, über mein Seelenleben nachzudenken, wenn ich mit zerschmettertem Schädel und mit einer Kugel in den zerstörten Hirnwindungen, mit blutüberströmtem Kadaver vor Euren Füßen tot daliegen werde.

– Mein Kind. Wiederhole das noch einmal, nur langsam. Vielleicht begreife ich es dann besser.
Er lachte auf, wahrscheinlich sarkastisch, nahm die Mütze, den Mantel und riß aus . . .
Ich setzte die Brille auf, rieb mit dem Zeigefinger die Glatze und machte mich an die Arbeit . . . eine märchenhaft interessante Sache: Einfluß des Stickstoffs auf das Oxydieren der Leberzellen bei den Urtieren.
Plötzlich wurde die Tür laut aufgerissen und mein Liebling kam hereingestürzt: ein liebliches, vergnügtes Mädchen.
Äuglein und Näschen – rot, die Haare – zerzaust.
– Was ist wieder los?
– Onkelchen, ich kann schon nicht mehr. Mein Teurer, mein Goldener, hilf mir, sonst vergifte ich mich . . .
– Mein Gott, Mädchen! Was ist Dir wieder passiert?
Und sie, mein Herr, fängt an zu heulen.
– Mir ist nichts passiert . . . Mir ist überhaupt nichts passiert . . . Und ich möchte eben nicht . . . Ich möchte eben nicht, daß mir etwas passiert . . . Ich lebe nur noch von dem Gedanken, daß mir ein Unglück zustößt, denn sonst könnte ich das nicht mehr länger aushalten.
– Was zum Teufel . . . Aber was sollte Dir passieren, Du gequältes Mädchen?
– Egal was, irgendein Unglück.
– Was spinnst Du da, was redest Du da?
– Ich möchte ohne Dach über dem Kopf sein, ich will hungrig sein, auf schmutzigem Stroh schlafen, verfaulte Gurken essen, barfuß laufen, Schwindsucht haben, als Näherin für einen Zehner täglich arbeiten; acht Waisenkinder haben, einen Mann im Krankenhaus und eine Mutter – Alkoholikerin . . . verstehst Du, Onkel?
– Ich verstehe, ich verstehe alles. Höre endlich auf zu weinen, trinke einen Schluck Wasser und zieh Dir die Jacke aus.
Und sie heulte noch lauter los.
– Onkel, das sagst Du nur so . . . Du denkst, ich bin dumm und weiß nicht, was ich rede . . . Aber ich weiß, was ich will.
– Aber nein: Du bist klug.
– Onkel, siehst Du: ich stehe morgens auf und frühstücke, dann lese ich, spiele und esse wieder, danach lese ich, gehe irgendwohin oder besuche jemanden und esse wieder, dann gehe ich ins Theater oder irgendwohin und esse wiederum. Dann gehe ich zu Bett und schlafe . . . und alle sind zu mir

so gut, daß ich vor Wut fast wahnsinnig werde . . . und wenn ich Krach schlage, dann sind sie noch lieber, daß ich es fast nicht mehr aushalten kann . . . ich tobe vor Wut, und danach fragt mich die Mama, ob ich nicht eine Kleinigkeit essen möchte, und Vati besorgt Eintrittskarten für ein Konzert oder eine Überraschung, oder etwas anderes! Oh, endlich sterben, damit das ein Ende hat.

Ich setzte die Brille ab, rieb mit dem Zeigefinger die Glatze und sagte:

– Mein Kind, Du solltest den Arzt aufsuchen. Und sie, hopplahopp, war wie ein Wirbelwind aus dem Zimmer . . .

Ich war noch beim Niesen, nachdem ich geschnupft hatte, als meine Schwägerin in mein Zimmer stürmte.

– Ich habe nur Dich – sagte sie – aber Du bist ein alter Egoist, ein Selbstsüchtiger. Außer Deinen Papieren interessiert Dich überhaupt nichts, die ganze Welt kann in Trümmer gehen, wichtig ist, daß Du Deine Papiere rettest. Du hast keinen Familiensinn! Das ist Egoismus! Das ist Selbstsucht! Du interessierst Dich für nichts! Du bist ein Egoist.

Solange ich lebe, habe ich nichts dergleichen gehört.

– Was ist passiert?

– Ich weiß. Du weißt nichts von dem, was passiert ist, denn Dir ist ja alles egal, weil Du ein Egoist bist. Das ist Selbstsucht!

– Meine Liebe – sagte ich – Wenn mir der eine oder andere Knirps hier hereinkommt und dummes Zeug schwatzt, dann verzeiht man ihm, weil er jung ist. Das aber eine gesetzte Frau und Mutter so ohne Sinn daherredet, das ist schon unerhört.

– Ich weiß, Du denkst nur an Dich selbst. Du interessierst Dich nicht für die Angelegenheiten anderer.

Ich rieb mit dem Zeigefinger die Glatze und sagte schon gar nichts mehr.

Na, und was denkt Ihr? Meinte sie ihre Tochter damit? Nein. Sie sagte folgendes:

– Daß sie manchmal muckt, ist nicht wichtig. Heiratsfähige Mädchen haben solche Launen. Wenn sie einen ordentlichen Mann finden wird, der sie schätzt und liebt, dann wird sie ruhiger . . . Und mein Sohn – sagt sie –, ihm habe ich auch nichts vorzuwerfen: er ist kein Kartenspieler, kein Geldverschwender . . .

– Dann vielleicht der Ehemann?

– Auch der nicht. Der Haushalt – sagte sie – langweilt mich. Dich geht die ganze Welt nichts an, nur Deine Papiere – sagte sie –, Du bist ein Egoist. Der Fußbodenputzer hat mich versetzt – sagte sie. Anna sagt, sie habe beim Putzen die Vase zerbrochen. Du bist ein selbstsüchtiger Mann. Wenn ich nicht aufpassen würde, würde das ganze Haus kopfstehen . . . Ich weiß, daß Dir das egal ist. Den Staub würde man schaufeln können. Du bist ledig, Dir vergibt man, aber mich würde man wegen der Unordnung schlechtmachen. Und zum Beispiel verspätete sich mein Mann gestern zum Mittagessen, und der Braten war nicht mehr zu beißen . . . Du bist ein Egoist. Ich mache mich lächerlich, wenn ich mir bei Dir Rat hole. Du hast immer nur an Dich selbst gedacht.

Und sie ging davon.

Ich setzte die Brille auf und wollte mir schon mit dem Zeigefinger die Glatze reiben, als sich die Tür öffnete und mein Bruder eintrat.

– Na, jetzt erfahre ich endlich etwas.

– Aaach – stöhnte er – aaach, zum Teufel damit.

– Wieso?

– Ach nichts. Daß Du es weißt, das bedeutet das Ende der Welt.

– Du sagst: Ende der Welt?

– Ja, so sagte ich.

Und er spricht ausfühlich darüber, daß das Leben keinen Sinn hat, das Vermögen nichts nützt, kein Glück bringt und gar nichts, daß es sich nicht gelohnt hat, so viele Jahre zu arbeiten, sich abzurackern, zu sparen, um dann, wenn man schon alles hat – nichts zu haben.

– Weißt Du, manchmal möchte ich, daß meine Häuser zertrümmern, die Fabrik abbrennt und der Geldschrank in die Luft fliegt. Ich würde wenigstens Probleme und Kummer haben. Und hier, wie zum Trotz, läuft alles wie am Schnürchen. Das irritiert direkt . . .

Da gibt einer an, daß er sich für die Politik interessiert, der andere für Kartenspiele, der dritte meint, sich köstlich zu amüsieren, und in Wirklichkeit wollen sie sich alle nur betrügen, nur um nicht darüber nachzudenken, daß ihnen die Sorgen fehlen . . . Glaube mir, ein Mensch ohne Sorgen kann sich zu Tode langweilen.

– Siehst Du, wenn Du Dich für die Philantropie interessieren würdest – man sagt, es sei ein guter Zeitvertreib.

– Ha, aber ich weiß nicht, wie ich das anfangen soll.

– Hm . . . oder vielleicht für die Wissenschaft – was?

– Dafür bin ich zu alt.

Ich kenne mich nicht aus, aber es gibt bestimmt Leute, die sich auskennen. Als ich meine Brille abnahm und mit dem Zeigefinger meine Glatze anklopfte, da kam ich auf die Idee:

»Vielleicht sollten ein paar Leute eine Gesellschaft für Leute ohne Sorgen gründen.
Ich würde sagen: diese Leute sollten eine Schule für Menschenliebe und für die Liebe zur Wissenschaft gründen.«
Aber das klingt ein bißchen komisch in unserem zwanzigsten Jahrhundert.

20 Heiratsfähig

Wenn schon einer kein Glück hat, dann hat er es niemals und nirgendwo. Wenn schon einer kein Glück hat, dann hat er es weder tagsüber noch nachts, noch nicht einmal im eigenen Bett.
Ja . . . ja . . .
So, ich hatte einen Traum. Ich habe ihn weder gebeten zu erscheinen noch sonstwie daran gedacht. Und wäre das wenigstens ein angenehmer Traum gewesen, so aber . . .
Ich habe geträumt, daß ich die Wohnung verlasse.
– Wohin gehst Du? – fragte die Mutter.
– Spazieren – antwortete ich.
Wie? Um diese Zeit? fragte Mütterchen. – Ohne das Dienstmädchen? – fragte Mütterchen.
Wieso: ohne Dienstmädchen? Was soll das nur heißen? – wunderte ich mich maßlos.
Mein Kind – sagte Mütterchen, vergiß nicht, daß Du ein heiratsfähiges Mädchen bist, und die Leute über Dich reden könnten.
Wer kann schon über mich reden? Wer ist ein heiratsfähiges Mädchen? mein Staunen wuchs.
Du . . . Du bist ein heiratsfähiges Mädchen.
Ich?
Du!
Ich sah an mir hinunter, und kalter Schweiß brach mir auf der Stirn aus. Ich bemerkte, daß ich ein bodenlanges Kleid anhatte. Ich wollte aufatmen: das Korsett drückte mich. Ich wollte die Stirn anfassen, die Finger verstrickten sich im Haarpony. Was sollte es.
Ich möchte kein heiratsfähiges Mädchen sein – rief ich dem Weinen nahe.
– Es ist passiert – sagte das Mütterchen.
– Aber Mama, Du wirst wohl verstehen, daß das keinen Sinn hat.
– Mein Kind, ich selbst wollte, es wäre anders.
– Aber ich kann mich niemals damit abfinden.
Die Mutter machte mit der Hand eine nicht zu definierende Geste der Unentschlossenheit oder Resignation – und sagte:
– Die Pflichten einer Frau sind erhaben und edel.

– Das ist alles sehr schön, aber mich geht das überhaupt nichts an.
– Du wirst Dich daran gewöhnen müssen, mein liebes Kind, und ich weiß, daß ich mich nicht Deiner zu schämen brauche, und Du wirst mich mit Deinem Verhalten nicht ins Grab bringen. Und jetzt erlaube ich Dir, solange es noch nicht dunkel ist, eine halbe Stunde spazierenzugehen. Marianne! geh mit dem Fräulein spazieren.
Marianne warf sich ein Tuch über, und mit einer Flut gegensätzlicher Empfindungen ging ich ins Treppenhaus.
Am Podest umarmte ich Marianne und küßte sie.
– Fräulein, was machen Sie? wunderte sich Marianne.
Und ich zog den Schleier herunter, denn ich wollte nicht, daß sie mich weinen sah: das ist also doch wahr? dann bin ich . . . ich . . . ich tatsächlich ein heiratsfähiges Mädchen.
Aber das ist ungeheuerlich! Das ist entsetzlich! Das ist ein Verbrechen!
Wir gingen auf die Straße.
Die Männer sind ziemlich interessant. Da, zum Beispiel, dieser, der gerade vorbeiging. Ich drehte mich um, er ebenfalls. Er ging uns nach.
– Marianne – rufe ich ängstlich –, was wird, wenn er uns belästigt? Wir sind verloren!
– Man sollte sich nicht umsehen – sagte das Mädchen.
Wir liefen über die Straße, stürzten durch die Haustür, nach Hause, zur Mutter.
– Was ist passiert?
– Ein Kerl wollte uns belästigen.
– Mein liebes Kind, wie drückst Du Dich aus? Man sagt nicht »Kerl«. Man sagt »Schurke«.
– Oh, ja, Schurke!
– Das Fräulein sah sich nämlich nach ihm um – sagte Marianne.
– Mein Kind! – die Mutter schlug die Hände zusammen – Wie unüberlegt Du bist, Du wärst verloren.
– Verloren für immer! – sagte ich.
– Für immer.
– Unwiderruflich – fügte ich hinzu.
– Du wirst nur noch mit mir ausgehen.
– Oh, ja, mit Dir meine Liebe, Gute.
– Mit mir. Morgen früh gehen wir zu Tante Susanne und zur Schneiderin.
– Zur Schneiderin?
– Na ja: Du bist doch ein heiratsfähiges Mädchen.

– Ach ja . . . ja . . . es ist ja wahr.
Und am folgenden Vormittag war ich mit Mutter bei der Schneiderin und Tante Susanne.
Und es begannen die Quälereien, von welchen Ihr Männer nicht die geringste Ahnung habt. Ich durfte weder »zum Teufel« noch »Mutti, mach mich nicht verrückt«, weder »Hebamme« noch »Przybyszewski«, weder »Liebe« noch überhaupt etwas sagen.
Ich durfte weder lächeln noch dienern, weder auf die Straße laufen noch jemanden anreden, weder ins Kaffee gehen, die Zeitung lesen oder Billard spielen, mit einem Wort, überhaupt nichts mehr. Ich durfte keine Leute sprechen. Mutti brachte mich mit zwei Freundinnen zusammen, mit denen ich mich zu Tode langweilte, jedoch, wie Mutti meinte, amüsieren sollte.
Ich mußte mir in der Philharmonie Konzerte anhören, am Sonntag in der Allee spazierengehen, die Augen niedergeschlagen, errötend, ich mußte enge Schuhe tragen und Klavier spielen, Französisch lesen und die Schneiderin besuchen – und kein Gläschen Schnaps in der amerikanischen Bar mehr trinken. Ach, es war zum Verzweifeln.
Und so ging ich zu den Tanten und war so bescheiden, daß mir manchmal der Magen knurrte. Ihr Männer habt ja nicht die leiseste Ahnung, was das für mich bedeutete, dieser Besuch bei den Tanten, kein Kartenspiel, kein Billard und kein Gläschen.
Und die Mutter sagte:
– Der Teint.
Ihr wißt nicht, was »Teint« bedeutet. Nein, das ist schrecklich. Der Teint, die Nase, die Augen, die Ohren, der Mund, die Hände, die Hüften, die Haare – über all das wurde bei den Tanten beratschlagt.
»Schön siehst Du heute aus. Gestern sahst Du gut aus. Hoffentlich siehst Du morgen auch gut aus. Laß Dich küssen – wie Du aussiehst!« Und die Weiber leckten . . . leckten . . . leckten mich ab und verdarben mir den Teint. Sie beguckten mich, ordneten mir die Haare, die Bluse, den Gürtel, die Augen, die Nase, alles. Und ich?
In wachem Zustand wäre ich verrückt geworden. Ich sage Euch ganz ehrlich, ohne Übertreibung: ich wäre toll geworden, würde die Mutter, die Schneiderin, den Teint, die Tanten, alle würde ich gebissen haben.
– Mutti, sagte ich – soll ich – zum Teufel – das ganze Leben so?
– Liebstes Kind – Du wirst Dich daran gewöhnen.
– Aber ich kann mich nicht daran gewöhnen, ich will es auch nicht. Wenn Du mich im Käfig halten willst, dann solltest Du mich nicht das Lesen gelehrt

haben oder solltest mir etwas geben, was hilft, die Zeit zu Haus auszufüllen.
– Mein liebes Kind, Du hast doch Deinen Flügel.
– Ich hasse die Musik, ich pfeife darauf, ich möchte Billard spielen.
– Kind, was sagst Du da?
– Ich möchte Schnaps trinken, Zigaretten rauchen, zur Universität fahren, die Haare abschneiden und ein Kind haben.
Die Mutter wurde nicht ohnmächtig.
– Und ich verspreche Dir, Mutti, daß ich ab heute auf jede Frage der Tanten immer nur mit einem Wort antworten werde: »Hebamme«. Und fertig.
Die Mutter fiel in Ohnmacht. Ich fing an zu weinen. Mutti erwachte und rief:
– Der Teint!
Von Kopf bis Fuß in Schweiß gebadet, erwachte ich.

21 Schüler

Nnnein, nein – und nein!
Ich glaube nicht an den Wert einer sorgfältigen Erziehung, ich glaube nicht an die Bedeutung der pädagogischen Grundsätze – ich glaube ganz und gar nicht – ich glaube an nichts . . .
Denn stellt Euch mal vor: Da ist Fritz . . . und stellt Euch vor, gerade Fritz. Fritz? – das ist doch schrecklich. Wenn das ein anderer wäre, jeder andere, aber Fritz . . . Man kann sich das gar nicht vorstellen . . .
Moment mal: ich werde alles erzählen. Ich bitte nur um ein bißchen Geduld. Ich muß mich erst etwas beruhigen . . .
Fritz war so gut, so sorgfältig erzogen.
Seine Härchen wurden fünfmal täglich gekämmt und fielen so lieblich auf die Schultern herunter. Zweimal wöchentlich wechselte man ihm die Unterwäsche, dreimal wöchentlich kam ein Lehrer zum Geigenunterricht.
Fritz bohrte niemals in der Nase und auch nicht mit dem Finger in der Torte herum, er stibitzte keine Rosinen aus dem Osterkuchen, spielte nicht im Sandkasten, beschmutzte sich nicht die Hände, bekleckerte nicht seine Kleidung, nicht mit Schlagsahne, auch nicht mit Kirschen, er bekleckerte sich überhaupt nicht.
Wie er sich schön verneigte, wie er brav mit den kleinen Mädchen spielte, wie ernst und ausdrucksvoll er Gedichte zum Namenstag der Mutter und des Vaters deklamierte.
Er nörgelte und meckerte niemals: morgens trank er seinen Kakao und aß seine Kekse dazu, dann setzte er sich auf den Stuhl und baute Häuser aus Klötzen, dann aß er ein kleines Geflügelkotelett, daraufhin kam eine Kindergärtnerin für zwei Stunden ins Haus. Vor dem Mittagessen ging er mit der Mama zu Besuch oder zum Einkauf. Dann aß er zu Mittag. Er spielte wiederum artig oder nahm Unterricht in französischer Konversation oder spielte Geige. Dann aß er zur Vesper wieder ein kleines Kotelett. Abends nahm er mit den Eltern das Abendbrot ein oder besuchte das Theater oder die Operette.
Es war so ein verständnisvolles Kind, vornehm, sorgsam erzogen, empfindsam.
Er kam in die Schule. Einmal kam er mit einer Beule auf der Stirn aus der

Schule. Der Vater ärgerte sich über die Schule, die Mutter weinte und wollte ihn schon zu Hause unterrichten lassen.
Ein andermal kam er ebenfalls aus der Schule und fragte bei Tisch seine Eltern:
– Mutti, was ist sapperlot?
Die Mutter bekam Weinkrämpfe.
Man hat mir mein Kind verdorben, beschmutzt, demoralisiert – rief sie weinend.
Fritz mußte den Mund mit einem Elixier spülen, und man verbot ihm ein für allemal, dieses Wort auszusprechen oder es auch nur zu denken.
– Wenn Du, mein Fritz, noch einmal so etwas aussprichst, dann rutscht Dir die Zunge aus dem Mund, und die Mutti muß sterben.
Die Mutter fragte:
– Mein geliebtes Kind, mein unglückliches Kind – wo hast Du dieses abscheuliche Wort gehört?
– In der Schule.
Die Mutter fragte:
– Und wer sprach dieses abscheuliche Wort aus?
– Ein Schulkamerad.
Die Mutter hängte sich einen Spitzenschal um, setzte sich in eine Droschke mit Gummirädern und fuhr zum Direktor der Schule.
– Ich verlange von Ihnen – rief sie, daß der Schüler, der die Klasse demoralisiert hat, unverzüglich aus der Schule ausgewiesen wird!
– Und was hat er denn gesagt? – fragte der Direktor.
Fritzens Mutter hatte sich gelobt, niemals im Leben ein solches skandalöses Wort in den Mund zu nehmen. Man beschloß, daß sie es auf ein Stückchen Papier schreiben sollte. Mit zitternder Hand schrieb sie: Sapperlot – und wurde ohnmächtig.
Der Direktor versprach der Mutter, den Schüler zu bestrafen, jedoch aus der Schule wollte er ihn nicht ausweisen.
Man beschloß nun endgültig, Fritz zu Haus zu unterrichten. Der Kleine weinte. Um ihn zu trösten, ging man mit ihm in die Operette und anschließend zum Abendessen ins Restaurant.
Fritz lernte zu Hause, las in der Zeitung (über Verbrechen) und Erzählungen für brave Kinder, deklamierte Gedichte bei Namenstagen und anderen Familienfesten, trank Kakao, begleitete die Eltern in die Philharmonie und in die Operette. Außerdem spielte er mit Mädchen und mit einem gut erzogenen Jungen aus der Nachbarschaft.

Die Mutter parfümierte Fritz sogar, d. h. nicht ihn, nur seinen Samtanzug mit dem weißen Kragen. Die Tanten küßten seine Hände und das Gesicht, brachten ihm Pralinen und Bücher mit Erzählungen für brave Kinder und mit bunten Bildern.

Das Kind wurde mit großer Sorgfalt, mit zärtlicher Fürsorge und Liebe umgeben. Als Fritz sich den Finger verletzte und Blut sah – erblaßte er so sehr, daß man zwei Ärzte rufen mußte – die ihn dann glücklicherweise wieder kurierten.

Man beschloß, daß Fritz Direktor einer Fabrik oder einer Bank, auf jeden Fall jedoch Direktor werden sollte und nicht arbeiten müsse, um mit schlecht erzogenen Menschen in Berührung zu kommen.

Eines der Mädchen wurde von Fritz zu seiner Verlobten erkoren, und von seinem eigenen Geld kaufte er ihr Blumen. Die Eltern des Mädchens lächelten darüber ein wenig, fühlten sich jedoch durch die Zuneigung eines so gut erzogenen Jungen geschmeichelt, von einem Jungen, der nichts nahm ohne zu fragen, um alles höflich bat und sich niemals aufdrängte.

Als Fritz fünfzehn Jahre alt war, durfte er zum erstenmal allein – ohne die Begleitung Erwachsener – nur in Gesellschaft des gleichfalls gut erzogenen Jungen auf die Straße gehen. Zum Andenken an diesen bedeutenden Tag führte man ihn in die Operette.

Oh, Fritz war damals schon ein erwachsener Jüngling, sorgfältig erzogen und über sein Alter hinaus entwickelt, jedoch engelhaft naiv.

Einmal fragte er die Mutter bei einem Spaziergang im Schweizertal:

– Warum kommen hier einige Damen allein und erst später setzen sich die Ehemänner an ihre Tische und plaudern lustig mit ihnen?

Die Mutter antwortete: – Sie machen das so aus Spaß.

Die Mutter freute sich, daß sie Fritz bis zum sechzehnten Lebensjahr wie ein Unschuldslamm erzogen hatte, mit Stolz berichtete sie von diesem Ereignis den zwölf Tanten, und am nächsten Tag lud eine der Tanten den Fritz zur Belohnung in die Operette ein und begleitete ihn abends dann persönlich bis in die Wohnung, sogar bis in die Diele.

Fritz las sehr viel, jedoch sehr viele Dinge verstand er nicht, so konnte ihn das Lesen nicht verderben.

Fritz aß sechsmal täglich Fleisch, denn trotz der Spaziergänge mit der Mutter oder dem Hauslehrer war er sehr blaß.

Fritz sprach Französisch wie der Coquelin, deklamierte wie Kotarbinski und spielte Geige wie Barcewicz, tanzte wie die Krzesinska, und in Bewegungen und Gang erinnerte er sehr an Ludwig XIV. . . .

Und da soll ich noch an die gute Erziehung glauben, wenn mir eine glaubwürdige Person erzählt, daß Fritz im Alter von sechsundzwanzig Jahren eine sehr hohe Summe im Kartenspiel verloren, die Unterschrift des Vaters gefälscht, eine ihm anvertraute Geldsumme unterschlagen hat und ausgerissen ist, man weiß nicht wohin – und noch dazu wahrscheinlich nicht allein. Nein – niemals, im ganzen Leben nicht! . . .

22 Kannst du dich daran erinnern, Vater?

Ich war damals noch sehr klein. Ich dachte, daß Gott sich ärgerte, wenn ich einen Keks stibitzen würde – und wenn man beim Sitzen mit den Beinen schaukelt, dann schaukelt man den Teufel. Ich kritzelte gern mit dem Bleistift und baute Kartenhäuser, ich sah mir gern Zeichnungen an und malte Schnurrbärte auf Bilder, ich hörte gern Märchen von Waisenkindern, Stiefmüttern und Gespenstern. Und ich wunderte mich, woher die Pferde wußten, wohin der Vater dem Kutscher zu fahren befahl, und daß sie den Weg nicht verfehlten – und wie die Erwachsenen einen Hund von einer Hündin unterscheiden – und wie alle Toten im Himmel Platz haben. Ich wollte keine Milch trinken und früh schlafen gehen. Ich erzählte den Gästen: »Der Hahn kräht kikeriki« und andere Märchen – ich hatte vor dunklen Zimmern und unbekannten Leuten Angst.
Denn Ihr habt gesagt, daß man sich Unbekannten nicht nähern darf, denn sie verkaufen kleine Kinder an Bettler – daß man nichts von Unbekannten annehmen darf: weder Bonbons noch Kirschen, denn mir könnte die Nase abfallen – daß man nichts vom Boden, weder im Garten noch auf der Straße auflesen darf, denn sonst bekäme ich häßliche Flecke und Geschwüre.
Und ich stellte mir vor, daß hinter den vier Wänden des Hauses etwas sehr Böses, Feindliches und Bedrohliches auf mich lauerte und daß alle Leute – außer Euch – Feinde sind, die nach meinem Leben trachten.
Als mir einmal die Mama zwei Groschen gab, die ich einem Bettler geben sollte – mit »er wird Dir nichts antun« –, da hatte ich Angst und schaute mich andauernd um, ob die Mama sich auch nicht von mir entfernte und mich allein ließ. Und als Ihr sagtet: »Bleib bei uns, hier wirst Du viel Spielsachen und Süßigkeiten haben«, da fing ich an zu weinen, und Ihr habt gelacht. Ich ängstigte mich vor Gott, vor Euch – Menschen, ich hatte Angst, und nur Angst – und vertraute niemandem.
Ihr gingt abends ins Theater. Zum Kinderfräulein kam ein Mann in langen Stiefeln, er saß in der Küche mit der Mütze auf dem Kopf. Ich fing an zu weinen: »Der Mann soll gehen.« Es befahl mir, mich mit einem Handkuß bei ihm zu entschuldigen. Ich wollte nicht – ich zitterte.
»Wenn Du Dich nicht sofort entschuldigst, machen wir das Licht aus und gehen fort, und Du bleibst allein. Dann kommt ein Bettler ohne Kopf, knebelt

Dir den Mund zu, bindet Dich fest, steckt Dich in einen Sack und wirft Dich ins Klosett . . .«

Ihr brachtet mir aus dem Theater Pralinen. Die Mama fragte: »Warum schläft Jan noch nicht? Hast Du etwa geweint, mein Sohn? Du hast solche rote Augen.« – »Nein, Mama« – und drückte ihre weiche Hand an meine Lippen . . .

Im nächsten Jahr bekam ich Hosen und eine französische Bonne.

Im Mai sollte ich die Prüfung für das Gymnasium ablegen.

Vor den Gästen deklamierte ich: »Die Wiederkehr des Vaters«. Ich sammelte Konfektschachteln – und Verpackungen von Arzneimitteln, Kastanien aus dem Garten, Straßenbahnbilletts. Ich aß gern Kekse, weiche Birnen (heimlich), Pfefferkuchen, kandierte Nüsse, Rosinen, trank gern Wasser mit Saft – und saß gern auf dem Kutscherbock der Droschke. Ich sprach: »Mama, ich liebe Dich aus voller Seele« und – »wem gehört das Buch«. Das Schaufenster eines Trödlerladens kam mir wie ein Sesamschatz vor, ein Zloty – ein Vermögen, und mein Namenstag – wie das größte Fest auf Erden.

Mit Hedwig machte ich Parfüm aus Orangenschalen. Mit »Mädchen« wollte ich nicht spielen, denn das waren Heulsusen. Ich spielte mit meinen Schulkameraden um Briefmarken: Ägypten mit Pyramiden oder Kanada mit einem Biber. Im Rinaldini stand ich in der Nähe der Festung, beim Schlagballspielen war ich »das Kleinkind«, denn ich konnte weder gut laufen noch mit der Kelle schlagen. Ich schämte mich bereits, im Garten Dreirad zu fahren, über die Mädchen aus der Schule sagte ich: »Oh, die Gänse kommen«, und machte ihnen die Reifen kaputt, wenn sie damit spielten.

Ich sagte auf: Hopp, hopp, hopp! Pferdchen, lauf Galopp . . . und Husch, Kätzchen, husch! Dreimal um den Busch . . . oder Backe, backe Kuchen, der Bäcker hat gerufen . . .

Ich wußte, wie man gefrorenes Wasser mit drei Buchstaben schreibt: »Eis«, und trockenes Korn mit fünf: »Stroh«, daß ein Pfund Federn genauso schwer wie ein Pfund Blei ist. Ich wußte, daß man »Kassak« – von hinten genauso liest wie von vorn. Ich lernte schnell und deutlich sprechen: Fischers Fritz fischt frische Fische . . . und kämpfte damit, dreistellig zu dividieren.

Ich träumte von einer Mütze mit einem Stern, einem Gurt mit einer Schnalle und einer seitlichen Hosentasche wie bei den Erwachsenen. Ich glaubte, daß ein gefundenes Hufeisen Glück bringt, wenn man im Traum von irgendwo hinabrutscht und dann aufwacht – man ein Stück gewachsen ist, oder daß Gott die Sünden wiegt – ich glaubte nicht an Gespenster, aber ich hatte Angst vor ihnen. Ich spielte Lotterie, »Mensch, ärgere dich nicht« und sagte auch: »Na, drücke meinen Finger – und grau vor Schmerz mit gleichgültigem Gesichtsausdruck: »Mehr drücken, es tut gar nicht weh – nur nicht mit den Fingernägeln.«

Ich betete, mit den Eltern zusammen sterben zu können.

Ich war erschüttert, als man im Zoo die Schlangen mit Tauben fütterte, als ich die gemarterten Wachsfiguren im Panoptikum sah – und als ein Bekannter meines Vaters wahnsinnig wurde. Mein Gott! das ist ja schrecklich; bestimmt ist das eine Strafe Gottes für die Sünden . . . Außerdem glaubte ich, daß Gott die Tiere erschuf, damit die Menschen sie essen konnten, aber man darf sie nicht quälen, und daß arme Kinder unanständig sind – überhaupt glaubte ich an alles, was Papa, der Hauslehrer, die Mama und die Bilderbücher sagten . . .

Wir wohnten damals in der vornehmsten Straße Warschaus.

Ich saß auf dem Sofa in Deinem Arbeitszimmer, mein Vater, und las ein Märchen von Andersen über eine Mutter, die ihr verstorbenes Kind suchte und ihre schönen Haare, Zähne und Augen hergab, um den Weg zum Tod zu finden – um mit ihrem Kind wieder zusammen zu sein. Du saßest am Schreibtisch und schriebst. Das Dienstmädchen kam herein und sagte etwas. Danach kam eine Frau im Kopftuch, warf sich auf die Knie, küßte Deine Hände und bat, Du möchtest ihrem Mann verzeihen. – Eine ganze Kiste verkaufte er für zwei Rubel; der Böse hatte ihn dazu verleitet; er ist weder ein Dieb noch ein Trinker – er arbeitet schwer, er ist nur vom Bösen dazu verlockt worden. Vor zwei Wochen starben ihnen zwei Kinder, und jetzt ist das dritte krank. – Du sagtest, Du könntest ihr jezt nicht mehr helfen, Du hättest kein Mitleid mit Dieben. Im Hinausgehen schaute sie mich mit einem Blick an, der Unglück heraufbeschwor. Ich zitterte vor Angst – mit Andersens Märchen in der Hand. Da löste ich mich zum ersten Mal innerlich von Dir.

Dabei war es noch die Zeit, in der Du für mich die absolute Vollkommenheit darstelltest. Alles imponierte mir an Dir und auch, daß Deine Hände behaart waren, mit großen Adern, daß Du abends im Bett den Kurier lasest, daß Du Visitenkarten besaßest, einen Tintenlöscher aus Marmor und kein Löschblatt mit Stempel, am Wollfaden hängend. Es imponierte mir, daß, wenn Du den Federhalter eingetaucht hattest, Du die überflüssige Tinte mit einer eleganten Geste abstrichst und niemals einen Tintenklecks machtest, daß Du die Uhren aufzogst und dabei wußtest, wann es genug war, daß Dich so viele Leute auf der Straße grüßten, daß Du so viele Bekannte hattest; daß Du Briefe mit ausländischen Briefmarken erhieltest; einen Kneifer trugst, der

Dir nicht von der Nase fiel, daß Du Zigarren rauchtest und so viele Schubladen hattest; daß Du nicht immer den Hut vor der Kirche lüftetest ...

Ein großer Teil meiner Seele war der Schule verfallen. Jetzt imponierten mir: vor allem der Klassenlehrer und überhaupt, die Lehrer, dann erst der Vater und die Sitzenbleiber aus meiner Klasse, die Schüler der älteren Klassen, dann der Hauslehrer, zuletzt – Bücher mit Erzählungen, der Klassenprimus und die schlechtesten Schüler. Die Mama liebte ich nur noch; daneben den Pfarrer, der gut war und keine schlechten Noten gab.
Der Lehrer war eine überirdische Erscheinung. Ein Zeichen von seiner Hand im Buch, mit Blaustift, die Note mit roter Tinte – das war alles geheimnisvoll, achtunggebietend. Ich ahmte zu Hause seine Art zu sprechen nach, seine Stimme, seine Gesten. Ich wußte schon, daß ein Kind geboren wird ... ich wußte, daß sich der Vater auf einer blinden Landkarte nicht auskennt, daß er: hic, haec, hoc; fero, tuli, latum, ferre nicht deklinieren konnte und auch nicht alle Inseln der Erde aufzählen.
Im Laden wurde ich manchmal gefragt: »Was möchten Sie, mein Herr?«; einmal kam ich nach elf Uhr nach Hause, gab dem Hausmeister einen Zehner für das Türaufschließen, und danach grüßte er mich ein paar Tage lang, und das Dienstmädchen sprach mich mit: »junger Herr« an.
Ich sammelte alte Münzen und Marken zur Befreiung der Sklaven, gab dem Schulkameraden eine Semmel von meinem Frühstück, alle paar Wochen brachte ich einen ausgesetzten, hungrigen Hund mit nach Hause, dem auf Befehl der Mame Milch gegeben und dann rausgeschmissen wurde.
Ich kaufte mir rote Tinte und unterschrieb mich mit großen Schnörkeln auf jeder Heftseite. Die Sitzenbleiber ahmten die Unterschrift der Lehrer nach oder schrieben ihre Spitznamen.
Ich schrieb mir auf die Handfläche die schwerzubehaltenden geographischen Bezeichnungen, reimte einen witzigen Vers auf »Kuba, Haiti, Puerto Rico«; auf dem Löschblatt notierte ich mir die schwierigen Wörter aus dem Diktat, um zu Hause nachzufragen, ob ich sie richtig geschrieben hätte.
In dieser Zeit verliebte ich mich in ein Mädchen auf der Eisbahn und dann für ein paar Tage in die Luzie, die im Stadtpark deklamierte.
Ich glaubte an Unglückstage, daß ein Groschen, ein Steinchen, Aufstehen mit dem linken Bein oder ein Eimer Wasser – Glück oder Unglück bringen könnte, daß ein Zug an der Zigarette von Gott mit einer schlechten Zensur im Diktat oder für Deklamieren bestraft würde.
Ich sah mir mit meinen Kameraden die Toten in den Kapellen an, las im

Kurier über Verbrechen und lebendig Begrabene, Panzerschrankknacker und Nachtwandler – ich zog mir im Bett die Decke über den Kopf. Ich pflanzte Apfelsinenkerne in Blumentöpfe; selten ist etwas gewachsen, und wenn doch, vertrocknete es. Ich sägte Bilderrahmen mit der Laubsäge aus und träumte von einem Aquarium mit Fischen.
Ich spielte gern Gesellschaftsspiele: ein Ring, ein Dukaten oder ein männlicher, weiblicher Vorname, wo sie waren, was sie taten, was die Leute dazu sagten. Manchmal kam etwas sehr Witziges heraus: »Wladek und Mariechen niesen im Fingerhut; die Leute sagen, daß wäre eine Sünde.« Zum 1. April sagte man: »Du hast eine schmutzige Nase«, »Deine Bluse hat ein Loch.« Am fetten Donnerstag zeichneten die Sitzenbleiber Krapfen. Am Ostermontag begoß ich die Hedwig, die Köchin und das Dienstmädchen mit Kölnisch Wasser. Im Frühling spielte ich. »Ich sehe was, was Du nicht siehst!« Damals mußte ich drei Stunden nachsitzen, ich hatte Tagesdienst und wollte die Kameraden, die etwas angestellt hatten, nicht verraten. »Sie sollten sich selbst dazu bekennen« – behauptetest Du damals, mein Vater. Aber das große Gewitter zog erst dann auf, als ich »genügend« in Betragen nach Hause brachte. Du drohtest mit Prügel und damit, mich zum Schuster in die Lehre zu geben. Und dabei wußtest Du, daß ich kein Kriecher sein konnte. Du hast mir unrecht getan, mein Vater! Siehst Du, ich erinnere mich noch daran.

Ich spielte nicht mehr, weder mit der Schleuder noch Schlagball, ich beteiligte mich nicht mehr an den Kämpfen auf dem Schulhof noch während der Pausen. Ich las Liebesgeschichten (heimlich) und »Mit Feuer und Säbel« (das offen). Ich versuchte zu dichten und eine elektrische Klingel zu installieren. Vor den längeren Ferien schwor ich mir, im nächsten Quartal für die Schule mehr zu arbeiten: ich stellte Pläne auf, wieviel Seiten ich täglich zu wiederholen hätte und wieviel Aufgaben zu lösen – es blieb jedoch beim Planen.
Ich wollte Schauspieler, Poet, Anführer, Weltreisender, Rechtsanwalt werden – alle paar Tage liebte ich eine andere von den Schulmädchen, die ich auf dem Spaziergang traf, zählte Blätter ab: verliebt, verlobt, verheiratet.
Und schließlich wollte ich erwachsen sein . . . ich sein.
Ich war Dir schon, lieber Vater, ganz fremd.
»Ehre Deinen Vater und Deine Mutter.«
– Wie soll man den Vater und die Mutter ehren?
– Durch Liebe, Ansehen und Gehorsam.
Also sündigte ich und bereute meine Sünden.
– Wieviel Arten der Reue gibt es?

– Zwei Arten: die vollkommene und die unvollkommene.
– Was ist eine vollkommene Reue?
– Die vollkommene Reue entsteht durch die Liebe zu Gott und ist die Verabscheuung der Sünden.
– Was ist eine unvollkommene Reue?
– Das ist die Verabscheuung der Sünden aus Furcht vor dem Verlust des Himmels oder aus Furcht vor der Hölle, aber weniger aus Liebe zu Gott.
Meine Reue war unvollkommen: ich hatte vor dem Verlust des Himmels Angst und vor der Versetzung in die nächste Klasse.
Ich bemerkte, daß nach jedem frühmorgens vergessenen Gebet, heimlich gerauchter Zigarette, gebrochenen Fastengelübde – eine Strafe in Form einer schlechten Zensur erfolgte, daraufhin bewunderte ich Gottes Wachsamkeit und Gerechtigkeit.
Je näher die Prüfungszeit heranrückte, desto länger und inbrünstiger betete ich. Denn auf dem grünen Tischtuch lagen die so heiß begehrten Fragen, die gleichgültigen oder fatalen, die verhängnisvollen Fragen. Die Hand zitterte, vor den Augen tanzten dunkle Punkte, der Atem setzte aus, das Herz verkrampfte sich in angstvoller Erwartung, wird Gott helfen? ...
Bolek und Frank, Stanislaus und ich – beschlossen, wenn alles gut verlaufen sollte, einen Ausflug zu machen. Wir kamen sogar ohne Nachprüfung durch. Im nächsten Jahr setzten wir uns zusammen; Frank mit Bolek in der dritten Bank, wir beiden anderen in der vierten; denn sie lösten die Aufgaben besser, wir werden ihnen in Latein helfen – so, mit vereinten Kräften, zusammen ließen wir uns nicht unterkriegen.
Ihr gabt uns die Erlaubnis zu einem eintägigen Ausflug nach Wilanow. Aber am nächsten Tag hast Du, Vater, Deine Meinung geändert: Du hast es verboten. Ich konnte sie nicht einmal davon benachrichtigen. Nachmittags wolltet Ihr mich zu einem Spaziergang in die Allee mitnehmen. Ich wurde bockig und blieb zu Haus – allein, am Fenster, grollend, feindselig, wütend.
Das ist eine Kleinigkeit, nicht wahr? Und doch erinnere ich mich daran ...

Ihr fesseltet meine Taten, aber meinen Gedanken ließ ich freien Lauf. Denn Eure Fürsorge war oberflächlich. Sie griff niemals tiefer ein als bis zum offenen Mund: ob ich esse – und in die Ohren; ob sie wohl sauber sind.
Ich löste schon keine Rätsel mehr im Kurier. Ich träumte von einem anderen, größeren Ruhm.
– Hedwig, sei still, störe nicht, denn Jan lernt.
Und der Jan hatte unter der griechischen Grammatik einen Roman – rote

Backen, in den Augen – Funken oder Tränen, in der Seele – Gewitter: Eifer, Furcht, Schmerz und Gewissensbisse . . .

Dann kam die Liebe, rein wie die Unschuld, und lehrte mich träumen. Ich wohnte mit »ihr« in der Laterne am Meer, arbeitete an dem Perpetuum mobile. Ihre Mutter starb an Schwindsucht; ich erfand ein Medikament gegen die Schwindsucht und benannte es nach ihrem Namen. Ania, meine Ania.

Ich schrieb Briefe an Schriftsteller, an Belmont:

»Sehr geehrter Herr! Ich habe Ihr Meisterwerk: »Im nervösen Alter« gelesen. Mein Gott! Was für ein Meisterstück . . .«

An Choiński:

»Sie, geehrter Herr, so bekannt und berühmt, werden bestimmt über den Brief eines Schulbuben lachen. Aber Ihre »Gedämpften Funken« – ist ein großes Werk. Ach, wie Sie sich in der menschlichen Seele auskennen.«

Diese Briefe schickte ich nicht ab, ich hatte Angst, sie wären lächerlich, sie könnten verspottet werden, so wie meine Familie über mich spottete, wie sie sich über meine junge Liebe, meine Träume und Zweifel lustig machte.

Oh, siehst Du, das ist soo eine.

– Woran erkennst Du das?

– Das sieht man gleich . . . Wenn Du es nicht glaubst, dann bleiben wir mal stehen: Du wirst sehen, daß sie von der Ecke auf uns zukommt.

Und sie kam von der Ecke auf uns zu.

Und das erlaubt Gott? . . . Das ist doch schrecklich, das dürfte nicht sein.

Ich schlich traurig in der Wohnung herum: ich hatte erfahren, daß der Onkel in den Kaukasus fuhr. Da fährt auch Ania mit, und ich werde sie vielleicht niemals mehr wiedersehen. Ich guckte aus dem Fenster im Salon auf die Wolken und dichtete einen Vers. Die Tür zu Deinem Arbeitszimmer war angelehnt. Du hast laut gelacht, Vater, laut und herzlich über Witze, die Herr A. von seiner letzten Reise mitbrachte. Ich habe alle Anekdoten, die Ihr Euch gegenseitig erzähltet, gehört. An eine kann ich mich gut erinnern:

»Ein Vater hatte zwei Töchter und bangte so sehr um ihre Unschuld, daß er zwei Körbe kaufte, die er sich um die Schulter hängte, die Töchter hineinsetzte und sie so achtzehn Jahre lang umhertrug. Ein Jüngling kam zu ihm und sprach: »Gib mir eine Deiner Töchter, nur mußt Du mir schwören, daß sie unschuldig ist.« Der Alte kratze sich den Kopf und sagte: »Siehst Du, auf die, welche im vorderen Korb sitzt, kann ich schwören, auf die im hinteren Korb – nicht, denn auf die konnte ich nicht immer aufpassen.« Es waren auch schlimmere Witze. Und danach Beurteilungen und Kommentare.

Kannst Du Dich erinnern, Vater, mit welchem vorwurfsvollen und wehmütigen Blick ich Dich damals anschaute, damals während des Abendbrots zu Ehren des Herrn A.; wir aßen damals einen Nachtisch mit Nußcreme . . .
Vor jedem Gebet sprach ich jetzt immer ein Gebet »um die Gabe des Betens«: »Mein Herr, ich stehe voller Ehrfurcht vor Dir, um Dich um die größte Gnade, die einem Menschen zuteil werden kann, zu bitten, um die Gnade eines inbrünstigen Gebets . . . Daß ich während des Gebets alle meine Gedanken auf Dich konzentrieren kann; keine Geistesabwesenheit soll mich von Dir abbringen . . . Ach lehre mich, mein Herr, zu Dir mit Hoffnung und Glauben zu beten.«
Und das half für längere Zeit.
Ich hörte für einige Zeit auf, Romane zu lesen.
In der Klasse waren welche, die schon . . . Einer hatte ein Duell um ein Fräulein.
Warum gibt es erbliche Krankheiten? . . .
Und wir mit dem Stanislaus sollten ins Priesterseminar gehen: er gleich, ich nach dem Universitätsstudium. Wir werden zu den Prostituierten predigen. Wir hatten einen Plan: daß die Männer ihnen unrecht tun, daß sie nicht nur ihre Seele, sondern auch den Leib schädigen.
Unsere Reformen: Die Kranken dürfen nicht heiraten. Statt Schnaps – Geld für die Armen. Ein Institut zur Beurteilung von Talentierten. Statt der Armee – große Werkstätten.
Zur Stärkung des Willens tranken wir Tee. Der Junge hat schnell begriffen; ich sah in ihm den Ruhm der Nation. Der Unterricht dauerte zwei Wochen. Hedwig klagte über Kopfschmerzen. Der Arzt sagte, es wären Windpocken.
– Hatte sie sich nicht vom Jungen des Hausmeisters angesteckt?
– Vielleicht. Die Wohnung des Hausmeisters ist eine Brutstätte für Bakterien, sie konnte das ganze Haus anstecken.
– Hörst Du, Jan, was der Arzt sagt?
So endete der Unterricht . . .
Könnt Ihr Euch auch daran erinnern?
Nein!

23 Meine Seele gähnt

Mein Vater hatte heute mit mir ein »ernstes Gespräch«.
Er kam herein. Mit entschlossenem Gesichtsausdruck, aber noch nicht streng. Er setzte sich. Ich setzte mich rücklings auf den Stuhl, stützte die Hände auf die Stuhllehne, legte mein Kinn darauf und wartete ab. Schweigen.
Ich entnahm der Seitentasche das Zigarettenetui, öffnete es langsam; zog eine Zigarette heraus und rauchte sie an.
Einführung:
– Die Einschreibung habe ich bezahlt.
– Sehr schade.
Langes Schweigen.
– Was gedenkst Du zu tun?
– Ich weiß es noch nicht . . .
– Ins Ausland wirst Du nicht mehr gehen.
– Ich möchte auch gar nicht.
Ein noch längeres Schweigen.
– Du bist dreiundzwanzig Jahre alt . . .
– Und fünf Monate.
– Ich in Deinem Alter . . .
– Habe schon seit sieben Jahren meinen Lebensunterhalt verdient – ich weiß.
Ein langes bedrückendes Schweigen.
– Du bist ein . . . Parasit.
– Noch schlimmer. Ein Parasit lebt nur auf Kosten eines anderen, und ich werde noch gekleidet, ins Ausland geschickt und suche mein Vergnügen . . .
– Wie ich sehe, hast Du dieses Jahr nicht schlecht verbracht.
– Nicht unbedingt gut.
– Weil Du nicht schlauer wurdest in diesem Ausland.
– Bestimmt dadurch, daß ich zu lange in Unwissenheit lebte.
– Aha, Philosophie.
– Ich habe es nicht gern, wenn jemand Wörter gebraucht, die er nicht versteht.
Pause. Ein Gewitter hängt in der Luft. Ich gähne.

– Weißt Du, ich sähe lieber, Du wärst ein gemeiner Schuft, als so ein unentschlossener Narr.
– Nur ein schlechter und unehrlicher Arzt hat schwere und nicht ausheilbare Leiden gern, denn das erleichtert ihm die Diagnose. Stille.
– Ich sehe, Du bist schon sehr von Dir eingenommen.
– Ohne Zweifel.
– Bestimmt aus Faulheit, Du hast keine Pflichten, Dir geht es zu gut.
– Vater, Du hast bestimmt recht . . .
– Sag mir, was willst Du eigentlich?
– Ich möchte unbedingt wissen, was Du, Vater, von mir willst.
– Ich möchte, daß Du ein Mensch wirst.
– Wozu?
Der Vater steht auf und spaziert durch das Zimmer.
– Ich muß mich Deiner schämen.
– Vor wem?
– Vor allen.
– Und wer sind die »alle«?
– Alle, daß sind die Leute.
– Und was heißt, ein Mensch sein?
Der Vater hält vor dem Fenster an und trommelt gegen die Scheibe.
– Denn wenn »ein Mensch zu sein« heißt – soundso viel monatlich zu verdienen, zu heiraten, Kinder zu haben, Kinder zu Parasiten zu erziehen und wenn die Kinder zu gegebener Zeit fragen, was heißt das, ein »Mensch sein« – statt der Antwort auf die Scheibe getrommelt wird, dann reizt es mich noch nicht einmal, für eine Sekunde Mensch zu sein.
– Und was bedeutet Dein »Mensch sein«?
– Ich weiß es noch nicht, ich suche danach.
– Aha. Du willst schlauer als Millionen von Menschen sein?
– Ist etwas Schlechtes dabei? Wenn einer unter Millionen anderer nicht versucht hätte, schlauer zu sein und Seife mit Glyzerin verarbeitet hätte, dann gäbe es keine Glyzerinseife.
– . . . Dank dieser Glyzerinseife hast Du zu essen und zu trinken; Die Glyzerinseife hat Dich erzogen – verstehst Du?! . . .
– Die Seife hat mich vermutlich schlecht erzogen, denn Du, Vater, bist mit mir nicht zufrieden.
Die Luft ist dick wie ein Seifenpaket.
– So geht es nicht weiter!
– Das meine ich auch . . .

– Du wolltest Arzt werden, ich hatte nichts dagegen; Du wolltest Philosoph werden, ich hatte nichts dagegen; Du wolltest Chemiker im Ausland sein, ich habe Dich geschickt, wohin Du wolltest. Aber wenn Du ein Nichtkönner und Narr sein willst, dann ohne meine Hilfe.
– Ich möchte eben kein Narr sein.
– Aber Du bist einer!
– Vater, ich schwöre Dir, Du irrst. Wirklich, Vater, Du irrst . . . »La bonne papa« schlug die Tür zu und ging.
Der Vater appellierte an mein Gewissen, die Mutter – an mein Herz.
– Durch Dein Benehmen bringst Du den Vater ins Grab.
Ich antwortete nicht.
– Fühlst Du für uns gar nichts mehr? Was haben wir getan? Du hast alles bekommen, was Du nur wolltest. Es fehlte Dir an nichts. Sag mal, im Ernst – vielleicht wissen wir nicht, was Dir fehlt. Du siehst doch, daß wir uns bemühen, Dir alles zu bieten; wir denken unausläßlich an Euch. Vater wollte, daß Du Chemiker wirst. Wenn Du das nicht willst, gut, dann eben nicht. Du kannst Deinen Arzt machen . . .
Paß auf, Jan – wenn Dir auch der Vater etwas Böses gesagt hat, nimm ihm das nicht übel. Ein Mann ist immer heftiger. Du kannst Dir ja gar nicht vorstellen, was für Sorgen und Kummer er hat. Du müßtest, wo Du doch Psychologe bist, das eigentlich verstehen . . . Er spricht nicht davon, denn solche Leute, die alles der eigenen Arbeit verdanken – sind verschlossen. Du kannst das nicht verstehen, denn Du bist unter ganz anderen Umständen groß geworden. Du siehst alles nur von Deinem Standpunkt . . . Vielleicht weißt Du wirklich mehr und kannst auch mehr. Vater hatte keine Zeit, viel zu lesen und sich zu bilden. Bedenke nur, wie muß er leiden, wenn er Deine Nichtstuerei sieht . . . Du hast ein Jahr verloren – na ja. Aber jetzt solltest Du Dich wieder an die Arbeit machen.
Kurzes Schweigen.
– Und, wenn Du unbegabt und kränklich wärest – na ja, man könnte sich damit abfinden. Aber so: Du weißt, wie die Leute über alles lachen, um so mehr, wenn es einem gutgeht. Sie empfinden dann Genugtuung. Und wer meint es besser mit seinen Kindern als die eigenen Eltern?
Pause.
– Ich verstehe nicht, was Dich so entmutigt hat . . . Ich möchte nicht, daß Du dich spontan zu etwas entschließen sollst. Wir sind jetzt mit Hedwig beschäftigt. Du hast Bedenkzeit, nur bitte ich Dich: schone Deinen Vater. Denn Du solltest verstehen, daß er nicht nur Dir gehört, und wenn ihm etwas, da sei

Gott vor, durch Dich zustoßen würde, mußt Du Dich vor uns allen verantworten.
Ein herzlicher, mütterlicher Kuß und wieder wild wirbelnde Gedanken. Ich erinnerte mich an ein vor langem gelesenes Gedicht. Ein Löwe liegt im Käfig. In einigen Minuten beginnt die Vorstellung. In den Ohren des Löwen singt der Wind seiner endlosen Heimat. Der Käfig wird in die Arena gebracht. Der Dompteur geht hinein. Der Löwe begrüßt ihn mit Gebrüll, will jedoch seinen Befehlen nicht gehorchen – er ist voller Haß und Ablehnung. Aber der Dompteur läßt die stählerne Peitsche durch die Luft sausen. Einen kurzen Augenblick schauen sich die beiden bedrohlich in die Augen. Der Löwe geht in die Ecke des Käfigs zurück, stellt die Mähne hoch, setzt sich drohend auf die Hinterpfoten – und auf das gegebene Zeichen . . .
»Hopp! und springt über den Stock.«
Gibt es spezielle Mikroben, die den Willen zerstören und sich in der Sklaverei vermehren?
Dies ist noch nicht das Ende.
Ein Gespräch mit Herrn Andreas, dem Rechtsanwalt, Hedwigs Verlobtem, dem zukünftigen Schwiegersohn meiner Eltern und in kurzer Zeit mein Schwager. Er lud mich zu einem Gläschen »unter Männern« ein.
– Herr Jan, ich möchte ein wenig mit Ihnen plaudern, aber ich möchte nicht, daß Sie denken, daß ich das im Auftrag oder auf die Bitte der Eltern tue . . . Nein, . . . Ich bin Eurer Familie sehr zugetan, und es tut mir leid, daß Ihr Euch gegenseitig quält.
– ?
– Es geht darum – wenn ich mich nicht irre –, Sie möchten sich der Journalistik widmen . . . Herr Jan, was ist bei uns schon Journalistik?
– Es gibt welche, die damit ein paar tausend Rubel jährlich verdienen.
– Na ja, aber das sind Ausnahmen.
– Warum soll ich nicht eine Ausnahme sein?
– Sie sind ein zu großer Idealist. Das stört.
– Nicht nur in der Journalistik.
– Und außerdem könnten Sie auf die schiefe Ebene geraten.
– Mein Herr, ich denke nicht so sehr daran, Journalist zu werden, als vielmehr leidenschaftlich gern, auf die schiefe Bahn zu geraten. Der Journalist ist mir weiter vom Hemde als die schiefe Bahn . . .
Übergroßes Erstaunen.
Der Zahn tut mir weh; ich bin wütend.
Es fiel mir der Anfang einer Erzählung ein: wie so ein angenehmer, gut erzo-

gener, artiger und treuer Pudel – recht plötzlich aus seinem Hundedasein erwacht und beißt.
Diese zwei Tage im Schoß der Familie erwecken in mir den Eindruck, sie in Staub und Hitze verschlafen zu haben; die Augen brennen, der Hals ist trokken, und irgendwie komme ich mir schmutzig vor.
Soll ich in die Spuren des Großvaters treten und mir eine Kugel in den Kopf schießen. Sie könnten noch annehmen, daß ich mich in eine Schweizer Kuh unglücklich verliebt hätte . . .
Wenn immer ich eine langweilige Erzählung in die Hände bekomme, werfe ich sie bedenkenlos in den Ofen oder auf den Ofen und lese nicht weiter. Und trotzdem, ein so langweiliges Buch wie mein Leben – habe ich noch nie vorgefunden. Ein so jämmerlich armer Inhalt.
Jetzt wird mir schlecht, man bekommt keine Luft – die Seele gähnt.
Eine Woche lang wird eine diplomatische Stille herrschen.

24 Berufung

Im allgemeinen sagt man so: »Herr W. ist Rechtsanwalt, Herr P. ist Chemiker, Herr K. ist Lehrer, Herr J. ist Arzt.«
In den meisten Fällen müßte man jedoch so sagen:
»Die Lebensumstände führten dazu, daß Herr W. Rechtsanwalt wurde; die Lebensumstände machten aus Herrn P. einen Chemiker; aufgrund seiner Lebensumstände wurde Herr K. Lehrer usw.«
Eigentlich ist das ein und dasselbe, aber vielleicht auch nicht. Ich werde das gleich entsprechend erläutern . . .
Ich weiß nicht, ob Du, mein Leser, wie ich annehmen darf, es bereits bist, oder Dich nur für einen Rechtsanwalt hältst.
Und jetzt denke einmal darüber nach und dann antworte mir: Mußtest Du Rechtsanwalt werden, und welche Lebensumstände führten dazu, daß Du einer wurdest?
Vielleicht könntest Du heute Telegraphist, Musiklehrer, Beerdigungsinstitutsbesitzer, Finanzbeamter, Taxator eines Pfandhauses, Zahnarzt, Agronom, Pilzzüchter oder Züchter von Steppenrindern, Geburtshelfer, Straßenbahnkontrolleur, Brauereibesitzer, Gerber oder Pächter eines Spirituosengeschäfts oder eines Hotels sein?
Würdest Du ohne die gesellschaftliche Stellung und das Vermögen der Eltern, die geographische Lage und die Lebensumstände – würdest Du das sein, was Du heute bist?
Oder wenn Du am Meer geboren wärst, in einer armen Fischerfamilie, würdest Du nicht jetzt ein Schiffsjunge sein und auf den Meeren herumschaukeln auf der Jagd nach einem Wal, statt in den Gerichtssälen herumzustehen, Vorladungen zu schreiben, zu Notaren und Gerichtsvollziehern zu laufen?
Oder – wenn Dein Vater ein kleines Lebensmittelgeschäft an der Ecke der Tamkastraße und der Solecstraße, oder eine kleine Schusterwerkstatt an der Wronastraße hätte – würdest Du nicht eher der Inhaber einer Wäschemangel in der Nowogrodzkastraße, Kellner in einem Restaurant oder Monteur in einem Stahlwerk sein?
Mein Leser – Herr Doktor! Wenn Deine Mama einst Schauspielerin – die erste Naive auf der Bühne des Theaters gewesen wäre, würdest Du nicht jetzt

im Ballett herumhopsen, statt die Bänke zu drücken, würdest Du nicht: »Es rauschen die Tannen« . . . singen, statt Rhizinusöl zu verschreiben?
Mein Leser – Herr Literat! Wenn Dein Papa einst eine Farbenfabrik, eine Silberputzmittel- oder eine Fabrik für Mineralwasser gehabt hätte – würdest Du nicht jetzt, Herr Chemiker, Emser Salz und Hühneraugensalbe herstellen, statt Erzählungen und Artikel zu verfassen?
Würdet Ihr nicht unter dem heißen italienischen Himmel eher Ananasplantagenbesitzer oder Südfruchtexporteure für den hohen Norden sein?
Wenn Ihr in der Nähe einer Kirche geboren wäret, wäret Ihr nicht vielleicht Organist geworden; aufgewachsen unter Eisenbahnern – würdet Ihr Hausmeister, Bahnhofsvorsteher oder Lokomotivführer von Personenzügen sein . . .
Wenn Deine kinderlose Tante Dir einst das Haus auf der Siennastraße vererbt hätte, würdest Du, mein Herr Kassierer, vielleicht jetzt ein Autofabrikant, Doktor der Philosophie oder Croupier in Monte Carlo sein.
Also nur die Lebensumstände machten aus Euch das, was Ihr zu sein glaubt, und nicht – was Ihr wirklich seid . . .
Einst brachte ich meinen Mantel zum Schmul.
– Was möchten Sie aus dem durchlöcherten Mantel haben? – fragte er.
– Ich möchte, mein Schmulchen, daß Du mir daraus einen neuen nähst.
– Nee, nee, kommen Sie in drei Tagen wieder.
Und seine Augen glühten wie zwei heiße Kohlen, als er sich die Löcher, eingerissenen Stellen und die verschossenen Farben meines unglücklichen Überziehers betrachtete.
Ich kam nach drei Tagen wieder.
– Oh, mir ist ein Unglück passiert – sagt der Jude (jedoch ein sehr ordentlicher Mensch) – der Izek, dieser Strolch, nahm Ihren Mantel zum Ausbürsten mit und verlor ihn.
– Und das hier, ist das nicht mein Mantel? – fragte ich, indem ich erpicht auf den an der Wand hängenden Mantel schaute.
– Wie denn: mein? Ist dieser Mantel Ihrem abgetragenen ähnlich? Dieser ist doch ganz neu.
– Ach nein – sagte ich mit Resignation, dieser ist ihm nicht ähnlich, gewiß nicht.
Der blaßgelb aussehende Schmul wurde smaragdrot.
– Na, dann sollen Sie eben wissen, daß es Ihr Mantel ist. Ich wollte ja nur feststellen, ob Sie ihn erkennen.
Er trank jedes Lob wie Rosinenwein.

– Sehen Sie, hier flickte ich ihn. Und woher nahm ich wohl den Flicken. Von der Tasche. Na, und was machte ich mit der Tasche? Ich schnitt ein Stückchen vom Kragen heraus. Und was machte ich mit dem Kragen?, für den setzte ich einen Flicken aus der zweiten Tasche ein. Und was machte ich mit der zweiten Tasche? Ich nähte sie einfach zu. In einem ganz neuen Mantel sind immer zwei Taschen, aber Sie werden jedoch nur eine haben, nicht wahr?
Ihr könnt sagen, was Ihr wollt, in dieser Arbeit steckte Inspiration und in seiner Rede – Begeisterung.
Denn Schmul Nadel war ein echter Flicker. Aber wenn der Schmul Nadel im heißen Sand der Sahara oder im Eis von Grönland geboren wäre, würde er dennoch Flicker geworden sein. Wenn Vater Nadel ein Bankier gewesen wäre, Nadel wäre trotzdem ein Flicker: er würde seine Pelerine flicken, er würde seine fehlerhafte Aussprache mit französischen Brocken flicken, er würde eben flicken. Denn nicht die Lebensumstände zwangen ihn, Flicker zu sein, er war wirklich einer.
Wenn jemand dem Schmul Nadel sagen würde: »Nähe mir einen Frack« – würde er verächtlich antworten: »Ich nähe nicht von Meterware, denn ich bin kein Schneiderski . . .«
Nicht wahr, Ihr wißt schon ein wenig, was ich meine.
Und hier noch ein Beispiel – dieses ist nicht aus dem Leben genommen, sondern ich habe es mir ausgedacht: Stellt Euch vor, der berühmte Komponist Grieg, oder Paderewski, Reszke und Ibsen – haben einen Sohn.
– Was möchtest Du werden? – fragen Vater Grieg, Reszke oder Ibsen ihren Sohn.
– Ich möchte Schornsteinfeger werden.
– Mein Kind, bedenke – sagt der berühmte Vater – durch meinen Namen, meine Beziehungen und mein Vermögen kannst Du eine ganz andere Stellung im Leben einnehmen.
– Mein Papachen, entweder erlaubst Du mir, Schornsteinfeger zu werden, oder ich erschieße mich.
Und stellt Euch vor, der Vater erlaubte dem Sohn, Schornsteinfeger zu werden. Ich bin fest davon überzeugt, daß dieser junge Mann einer der glücklichsten Menschen der Welt geworden ist. Die vom Vater geerbte Intelligenz würde er für die Tätigkeit des Schornsteinfegens einsetzen, eine neue Methode für das Hinabsteigen in die Schornsteine erfinden, auch einen Spezialstoff für die Arbeitsanzüge der Schornsteinfeger, er würde ein Orchester und eine Gesellschaft für Schornsteinfeger gründen, er würde Vorsitzender der Kasse der Witwen und Waisen von Schornsteinfegern werden, er würde

das Niveau dieses Gewerbes auf der ganzen Welt heben, seine Kollegen würden ihn verehren, seine Nachfolger würden ihn in Ehren halten.
Was würde jedoch geschehen, wenn der Jüngling seine Ideale, die ihn so tief ergriffen haben, dem Willen des Vaters opfern würde?
Wäre er Komponist geworden, würde man ihn halblaut loben, bis jemand, ein bißchen kühner von Natur aus, rufen würde: »Schornsteinfeger hätte er werden sollen.«
Und er würde (in hilflosem Schmerz) an seinen Kleidern herumnesteln, gebrochen, unglücklich. Und wieviel mehr Enttäuschungen würden ihn erwarten, wenn er eine finanzielle oder diplomatische Laufbahn eingeschlagen hätte – drei- und viermal so unglücklich wäre er geworden.
Jetzt verstehst Du meinen Gedankengang schon besser, mein Leser: Glücklich und nützlich für die Gesellschaft kann nur der sein, der etwas seiner Anlage entsprechend wird, und nicht jener, den die Umstände dazu veranlaßten.
Krause ist Techniker, Biegas ist Bildhauer, Bonaparte war Offizier, Virchow Arzt.
Ihr versteht jetzt genau, warum es mich stört, wenn jemand behauptet, dies oder das zu sein, wenn seine Visitenkarte, sein Türschild oder sein Nachruf die Aufschrift trägt: er ist oder war dieser oder jener, hatte dann und dann Sprechstunden, erhielt so und soviel für dies oder das.
Ich antworte auf die Frage: – Was machen Sie beruflich? – immer:
– Die Lebensumstände haben mich in einen Feuilletonisten verwandelt.
Ich sagte niemals:
– Ich bin Humorist . . .
Ich wende mich jetzt an die Eltern.
Eltern!
Wenn Ihr kleine Kinder habt, versucht, sie auszuhorchen, was sie werden wollen, versucht, in ihnen Interessen wachzurufen.
Eltern!
Wenn Ihr große Kinder habt, stört sie nicht in ihren Vorhaben.
Wenn Euer Jan nicht schon in den Kinderjahren Fliegen, Goldfische, Katzen heilt, wenn er nicht seine Hosen, Kakerlaken und Bücher zerschneidet; wenn er nicht ein einziges Mal seine jüngeren Geschwister mit giftigen Pilzen, wilden Beeren oder anderen Spezialitäten versorgt – drängt ihn nicht zum Medizinstudium.
Wenn Euer Wazek seinen Pudel, sein Schwesterchen, das Dienstmädchen, das die Vase – ein Andenken an die Großmutter – zerdeppert hat, nicht vor

Strafe schützt – erlaubt ihm nicht, Anwalt zu werden, um so weniger, wenn er ein Wahrheitsfanatiker ist.
Wenn Ihr anders handelt, beschwört Ihr auf Euch und Eure Nachkommen in Unglück herauf.

25 Savoir vivre

Eine komische Meinung haben die Leute über die Komiker. Sie nehmen an, daß ein Komiker der glücklichste Mensch auf dieser Welt ist, daß er sich mit der unnahbaren Waffe des Humors und »Witzes« verteidigen kann, daß er jede Situation mit Spott meistern kann, daß er sich mit Späßen die menschliche Zuneigung erkaufen kann; und noch mehr, sogar die Miete bezahlt er mit Witzen und Kleidung, und Lebensmittel erkauft er sich mit Scherzen.
Und hier eine Fülle von Bitten:
– Mein lieber Witzbold, ich habe eine Dummheit gemacht, sag mir, wie kann ich mich noch vor dieser Heirat retten, in welche . . .
– Mein geehrter Herr, verhilf mir zu einem witzigen Streich, daß ich vom Alten noch 100 Scheinchen herausholen kann, denn . . .
– Mein Guter, was soll ich tun, um mich mit meinem Onkel zu versöhnen, er will mich dafür enterben, daß ich . . . usw.
Es ist verständlich, daß ich keinem einen Rat geben kann, denn ich bin der Meinung, daß man den Funken des angeborenen Talents für die Allgemeinheit verwenden sollte und damit nicht jedem einzelnen die Zigarre des Wohlstandes anzünden, man sollte damit ein großes Feuer machen, auf dem das ganze Volk sich ein nahrhaftes Rührei aus Entwicklung und Ruhm machen kann.
Aber da ich ein Herz für das Los der weißen Neger, dieser Tausenden von Angestellten in Büros, Banken und Geschäften habe – möchte ich ihnen ein paar rettende Vorschläge machen, wie die harten Herzen der Arbeitgeber und Vorgesetzten für sie mit mehr Mitgefühl schlagen könnten:
Berufstätiger oder Berufstätige!
Nicht Pflichteifer verhilft Dir zu einer Lohnerhöhung und großzügigen Gratifikation.
Nicht Deine Qualifikationen verhelfen Dir zu einer Lohnerhöhung und großzügigen Gratifikation.
Sondern:
Das savoir vivre im Büro, dessen wichtigste Momente ich Dir gleich vorführen möchte.

1. Du kommst pünktlich um neun Uhr ins Büro. Dein Vorgesetzter begrüßt

Dich freundlich. Du warst ja pünktlich. Wie, das reicht Dir schon? Du gibst Dich damit schon zufrieden und hast keine weiteren Wünsche mehr? Hör zu, was Du sagen solltest:
– Entschuldigen Sie, Herr Vorgesetzter, daß ich mich so fatal verspätet habe.
– Aber nein – sagt dieser – es ist gerade neun Uhr.
– Nein, mein Herr, es ist drei Minuten nach neun; unsere Uhr geht drei Minuten nach. Möchten Sie veranlassen, daß ich den Hausmeister rufe, und dieser die Uhr stellt?
Der Vorgesetzte guckt Dich groß an, er hat Dich wahrgenommen, Du hast seine Aufmerksamkeit geweckt.

2. Du setzt Dich an den Schreibtisch. Der Arbeitstag beginnt. Du tust das, was alle tun: arbeitest nachlässig, wenn Du nicht das Auge des Kontrolleurs auf Dir spürst. Paß auf zwei Dinge auf: Du darfst niemals den Vorgesetzten »der Alte« nennen, denn er könnte das hören; lache niemals laut und erzähle niemals laut Witze.
Der Vorgesetzte kommt ins Büro. Alle sehen ihn, alle verfolgen seine Schritte, warten auf ein Kopfnicken, nur Du siehst ihn nicht. Verstehst Du, Du siehst ihn nicht: Du bist nämlich in Deine Arbeit vertieft.
Er nähert sich Deinem Tisch: Du siehst ihn weiter nicht.
Er spricht Dich an: Du hörst ihn nicht. Er faßt Dich beim Ellenbogen: Du wirst rot und rufst wütend:
– Gehen Sie zum Teufel! Stören Sie mich nicht!
Verwunderung.
– Was ??? – sagt der Vorgesetzte.
Du springst hoch, erblaßt und rufst mit komisch zitternder Stimme:
– Ach Sie sind es. Entschuldigen Sie . . . Ich meinte wirklich . . . Ich dachte, es wäre einer der Kollegen . . . Ich war so in meine Arbeit vertieft.
Meinen Vorgesetzten befielen widersprüchliche Gefühle: ein Untergebener hatte ihn beleidigt, jedoch vollkommen unbewußt. Seine Großmut gewinnt die Oberhand.
– Aber das macht doch nichts, ich bin nicht beleidigt. Nur beim nächsten Mal passen Sie ein bißchen besser auf.
Du machst ein Gesicht, als wärest Du vom Blitz getroffen und aus dem Scheintod ins Leben zurückgekehrt, bereit, Dich in das kleinste Loch zu verkriechen.
Der Vorgesetzte geht in sein Zimmer.

Die Kollegen lachen. Und Du rufst, so laut Du kannst:
– Warum lacht Ihr? Das kann doch jedem passieren. Nur durch die Großmut (so laut wie nur irgend möglich), das Verständnis und den Edelmut des Chefs bin ich nicht auf der Straße gelandet. Das ist doch nicht lustig.
Nach einer Viertelstunde begibst Du Dich in das Arbeitszimmer des Vorgesetzten:
– Was möchten Sie?
– Ich möchte mich nochmals bei Ihnen entschuldigen.
Der Vorgesetzte hält es unter seiner Würde, sich auf den Vorfall zu besinnen.
– Weswegen entschuldigen Sie sich?
– Daß ich mich so unhöflich benommen habe.
– Sie? Ach, Kleinigkeit. Sie können beruhigt sein: ich werde davon keinen Gebrauch machen.
– Aber das läßt mich keine Ruhe finden.
– Ja, aber dann kann ich Ihnen nicht helfen.
Du gehst sehr niedergeschlagen hinaus. Du kannst sicher sein, daß Dein »Vorfall« beim Abendbrot erörtert wird, daß der Leiter sogar schon Deinen Namen behalten hat.

3. Es nähert sich die Mittagszeit . . . Du suchst Dir eine solche Arbeit aus, die Dich eine Viertelstunde länger im Büro aufhält. Aus ethischen Gründen solltest Du das manchmal auch dann tun, wenn es keine Anzeichen gibt, daß der Chef das bemerkt.

4. Von Deinem Mißgeschick solltest Du den ganzen Tag über berichten, auf der Straße, im Garten oder in der Konditorei. Du solltest dabei die Güte und die Menschlichkeit Deines Vorgesetzten rühmen. Man kann ihm sogar einen Blumenstrauß mit einer Karte schicken: »Von einem namenlos Dankbaren, mit Herz und Seele Ihr Ergebener«. Vielleicht ahnt er – von wem, aber letzten Endes: Wer nicht wagt, der nicht gewinnt.
Man kann sich im Büro auch auf eine sentimentale Diskussion einlassen, indem man vieldeutig von sich gibt:
– Manchmal fühlt sich der Mensch, man weiß nicht warum, so verbunden mit jemandem, der jedoch nicht ahnt, daß man bereit ist, für ihn das Leben hinzugeben. Und das ist für mich das größte Glück, daß der mit einem so Verbundene nichts davon ahnt.
Den Vorgesetzten soll man mit stiller Bewunderung anschauen, ihn anhim-

meln, jede seiner Bewegungen verfolgen, »unbewußt« seinen Gang nachahmen, die Art, wie er sich die Nase schnaubt, die Augenbrauen hochzieht. Wenn er sich mit einer Frage oder Bemerkung an einen wendet oder sogar mit einem Lob, soll man verwirrt tun, wie im höchsten Grade befangen.

5. Wenn der Chef nicht sehr klug ist, kann man sich auch folgenden Witz erlauben. Ich möchte dabei bemerken, daß er nicht zu naiv sein darf, denn immerhin verdankt ihm einer seiner Angestellten heute seine gehobene Position.
Und das war so:
Wenn immer der Chef abends ins Büro kam, löschte dieser Angestellte das Licht aus.
Der Chef wurde darauf aufmerksam:
– Warum tun Sie das? – fragte er.
– Wenn Sie hereinkommen, werde ich geblendet. Warum sollte man da noch Strom verbrauchen?
Verständlicherweise kann ich hier nicht alle Möglichkeiten aufzählen, die man nutzen sollte, um die Aufmerksamkeit des Chefs auf sich zu lenken und ihn dahin zu bringen, daß er uns im Meer der Betriebsangehörigen bemerkt und uns bei der Vakanz eines höheren Postens berücksichtigt oder an uns bei der Verteilung von Gratifikationen oder anderer gleichviel bedeutenden Situationen denkt.
Ich will nicht behaupten, daß meine Ratschläge immer die gewünschten Erfolge bringen: Es hängt hier viel von der Gewieftheit derer ab, diese Tips in die Praxis umzusetzen. Ich kann nur sagen, daß ich diese Ratschläge von Experten erhielt, und diese in verschiedenster Form in die Praxis umgesetzt werden und, obgleich sie nicht den Beifall der Neidischen finden, entsprechen sie doch immerhin den menschlichen Charaktereigenschaften und stimmen mit den neuesten Forschungsergebnissen aus Psychologie und analoger Wissenschaften überein.

26 Schluß mit der Sauberkeit

Seit einiger Zeit weiß ich mir keinen Rat mehr, soviel Ratgeber überfielen mein Haus, mich und meine Familie.
– Mensch, nimm Dich zusammen, wie kann man so liederlich angezogen gehen? – wurde gerufen.
– Wie können Sie, liebe Frau, Ihrem Mann erlauben, sich so zu vernachlässigen, lag man meiner Frau im Ohr.
– »Kleider machen Leute«, setzte man bedeutungsvoll hinzu.
Und als ich abends gelangweilt die Zeitungen im Bett durchblätterte, bemerkte ich Artikel, die zur pedantischen, minuziösen Sauberkeit aufforderten; Artikel, in denen man jene Leute vor schrecklichen Folgen warnte, die keine ultra-raffinierte Sauberkeit beachteten, die sich ihren Bedingungen nicht unterwarfen.
»Na – dachte ich –, ich versuchs, vielleicht gelingt es mir.«
Und das sehr bald, da man allgemein behauptet, daß der Mensch sehr leicht dem Laster der Sauberkeit verfällt, welche unbemerkt in der Eleganz, Vornehmheit und anderen zivilisierten Feinheiten zum Vorschein kommt.
So ging ich zum Schuster, Schneider, Hutmacher, Handschuhmacher und zum Friseur – ich wurde von allen Seiten gemessen, gedreht, gestoßen, gezupft, ich mußte mich auf Stühle und Tische setzen und fallen lassen, in die Hocke gehen, ich wurde maßlos gequält. Außerdem hat mich das so viel Zeit gekostet, daß ich meine berufliche Tätigkeit vernachlässigte, was um so fataler war, als sich meine Ausgaben in jenem unglücklichen Monat verdreifachten.
Endlich war ich so angezogen, daß ich, als ich mich mit den auf den Hauptstraßen herumflanierenden eleganten Trotteln verglich, keinen Unterschied mehr zwischen mir und ihnen fand: zur Ergänzung meines Aufzugs steckte ich auch noch eine Rose oder andere Blume ins Knopfloch.
Der Triumph war vollkommen: die Großzahl der Leute, die bisher auf meinen Gruß gewartet hatten, grüßten mich zuerst. Manche, die ich dem Namen nach nicht kannte, blieben stehen, schüttelten mir die Hand und fragten mich nach den Adressen dieses oder jenes Handwerkers, der meine Garderobe angefertigt hatte. Ich veränderte mich auch noch weiter: Meine Schritte wurden langsamer, die Bewegungen distinguiert, die ganze Erscheinung bekam etwas

Majestätisches. Ich begann auf nachlässig gekleidete Leute mit einer gewissen unmerkbaren Geringschätzung herabzuschauen. Es entwickelte sich in mir ein Beobachtungssinn in dieser Richtung und auch eine gewisse Neugier. Mein Wortschatz bereicherte sich um mir bisher nicht geläufige Ausdrücke; denn es muß erwähnt werden, daß ich bis jetzt nur solche Wörter für die Oberbekleidung kannte, wie: Hosen, Weste, Jacke, Mantel – und keine Ahnung hatte, daß es einen wahren Schatz von Bezeichnungen für die verschiedensten Arten dieser Garderobe gab.

Meinem Aussehen entsprechend habe ich normalerweise auch die Ausgestaltung meiner Wohnung, die Ausstattung von Frau und Kindern angepaßt. Überall herrschte jetzt Sauberkeit und Vornehmheit. Ich verbot meinen Kindern mit denen des Tischlers von unserem Hof zu spielen, denn wie viele Bakterien könnten von diesen schmutzigen Bengeln auf meine Sprößlinge übertragen werden? Ich verbot meinem älteren Sohn dem Sohn des Hausmeisters Nachhilfestunden zu geben, denn obwohl dieser Kleine talentiert und fleißig war, könnte er doch die neuen Polsterbezüge abnützen oder die Zimmer verschmutzen. Ich selbst antwortete nicht mehr auf die freundlichen Begrüßungen des Hausmeisters, des Laufburschen und aller derjenigen, wo man es sich erlauben konnte, ohne gesellschaftlich Schaden zu nehmen; ich tat es aus sehr verständlichen Gründen: der Hut nützt sich durch öfteres Lüften schneller ab, Kragen und Krawatte zerknittern durch die Verneigungen.

In den ersten paar Tagen fühlte ich mich nicht wohl, aber dank meiner neuen Bekannten, der neuen Kleidung angepaßt, gewöhnte ich mich an viele neue Dinge: die Kellner redete ich nicht mehr mit Herr an, sondern wendete mich per Du an sie, den Bettlern gab ich keine Almosen mehr, denn vom Herausnehmen der Geldbörse reißen die Taschen ein. Das Verhältnis zu meiner Frau und den Kindern kühlte ein wenig ab: für nichts war ich mehr bereit, das Kind auf die Knie zu setzen, denn das nützt die Hosen ab, außerdem hätte es schmutzige Hände haben können; ich bemühte mich, meiner Frau nicht zu sehr zu nahe zu kommen, denn dadurch würde ihr Frisiermantel – und meine Krawatte zerknittern.

Ich wurde ausfällig, wenn Sauberkeit und Vollkommenheit meiner Garderobe bedroht wurde, was doch trotz eiserner Vorsicht geschah. Einmal machte mir der Hausmeister einige Flecke auf meinen neuen sandfarbigen mit seidenen Aufschlägen versehenen Sakko. Ich beschimpfte ihn mit Ausdrücken wie Dummkopf, Clown, Idiot, und als dieser nun zur Entschuldigung meinen Ärmel mit seinen Lippen berührte und nun auch noch feuchte Tabakflecken hinterließ, ließ ich ein Protokoll aufnehmen, und er bekam drei

Tage Gefängnis. Ein andermal trat ein blinder alter Mann auf meinen Wildlederschuh, ich schickte ihn zum Teufel.
Ich war sehr gereizt: irgendeine Kleinigkeit brachte mich aus der Fassung. Einmal kam eine Frau in Trauer zu mir mit der Bitte um Almosen. Was sie alles vorbrachte, wußte ich nicht, obwohl sie lange redete und bitterlich weinte. Und wißt Ihr, warum ich ihr nicht zuhörte? Auf dem Teppich sah ich nämlich ihre schmutzigen Fußabtritte: sie kam im Regen ohne Galoschen. Ich kochte vor Wut. Unter anderen Bedingungen würde ich mich für ihre Trauer interessiert haben, denn bei Frauentränen werde ich immer weich; aber diesmal hatte ich kein bißchen Mitgefühl, als sie dann zu sprechen aufhörte, sagte ich:
– Gut, ich notiere mir Ihre Adresse und gebe dann Bescheid.
Und als sie mich wieder bat und sich bedankte, ergänzte ich:
– Ich kann nichts versprechen, aber ich will mein Möglichstes tun.
Ich handelte wie ein die Sauberkeit liebender Mensch; ich war stolz auf mich. Ich handelte wie jener Vorsitzende einer Institution, den ich vor Jahren um Hilfe für eine unglückliche Familie bat: er hörte mich an, versprach alles zu tun, notierte die Adresse, reichte mir die Hand und am nächsten Tag, als ich mir die Antwort holen wollte, erkannte er mich nicht mehr, hatte die Adresse verloren und vergessen und wußte nicht mehr, um was ich ihn den Tag zuvor gebeten hatte . . .
Ein andermal zerstörten die Kinder beim Ballspiel eine kostspielige Kleinigkeit, ich wurde für zwei Wochen krank und bettlägerig.
Ich hatte nun auch weniger Zerstreuungen; nur zweimal im Jahr ging ich noch ins Theater, denn ich weigerte mich standhaft, billige Eintrittskarten zu kaufen, es hätte ja in meiner Reihe ein schlecht gekleideter Mensch sitzen können. Auch die Straßenbahn benutzte ich aus demselben Grunde nur noch wenig.
Meine Ausgaben wuchsen trotz allem bedenklich, aber ich half mir dadurch, daß ich die Schneider, Schuster und andere geduldig warten ließ – sie warteten so manchen Monat auf ihre Bezahlung . . .
Man könnte nun annehmen, daß ich in diesem ganzen Jahr hätte zwanzig Pfund zunehmen, die ganze Energie auf meine Berufstätigkeit konzentrieren und vollendet glücklich sein müssen durch dieses hygienische, den Ansprüchen der Sauberkeit lobend angepaßte Leben.
Entgegen den Erwartungen war es jedoch anders gekommen, die Arbeit war mir eine Qual, und ich fing an, ernstlich an Selbstmord zu denken, auch das Familienleben gefiel mir nicht mehr, so hatte ich mit einemmal mehr Kummer als zuvor.

Ich besuchte die Ärzte, sie verschrieben mir viele Dinge und gaben mir die verschiedensten Ratschläge zu meiner Genesung.
Aber nichts half jedoch.
Nun verließ mich der Gedanke an Selbstmord nicht mehr. Ich fing an, den Revolver, den ich vom Großvater geerbt hatte, zu suchen. Meine arme Frau, blaß und traurig, die enttäuschten Kinder – wußten nicht, daß sie bald verwaist sein würden; ich suchte indessen fieberhaft die Mordwaffe auf dem Dachboden. Ich durchsuchte vergebens drei Körbe und zwei Kisten, als plötzlich eine alte verblichene Krawatte, eine ausgediente Hose und alte Galoschen mit abgetragenen Hacken mir ins Auge fielen.
Ich schaute weiter. Im ersten Moment wurde ich wütend bei dem Gedanken, daß ich einst mit diesen alten Gegenständen meinen Körper bekleidet hatte. Später jedoch wurde ich neugierig: »Wie würde ich wohl darin aussehen?« Und auf einmal wurde ich sentimental: das sind doch meine alten Freunde, alte, unwiderruflich verlorene, also angenehme ... Ich wickelte sie in eine Zeitung und brachte sie verstohlen zusammen mit meinem Revolver, den ich endlich gefunden hatte, in mein Zimmer.
Ich verbrachte eine schreckliche Nacht. Die Gedanken schwirrten in meinem Kopf wie in einem Taubenschlag umher. Die ganze Vergangenheit zog an meinen Augen vorüber, als ich blaß mit dem Revolver an der Schläfe vor dem Spiegel stand. Ich begann jede meiner Taten zu analysieren, jeden Gedanken. Und als der erste Sonnenstrahl sich in mein Kämmerchen hereinschlich, zog ich meine alten Kleidungsstücke an und ging in die Stadt.
Seit jener Zeit sind zwei Wochen vergangen. Meine Leser – ob Ihr es glaubt – oder nicht, glaubt mir, ich bin wieder gesund und glücklich, meine Frau bekam wieder rote Backen, die Kinder waren wieder lebhaft, und ich hatte wieder Lust zur Arbeit. Ich bgrüße wieder den Hausmeister, die Kinder spielen mit den Knirpsen des Tischlers, die vornehmen Leute beehren mich seltener mit ihren Begrüßungen. Ich habe im Theater einen Galerieplatz, und ich fühle mich so wohl, wie ich mich längst nicht mehr gefühlt habe! So rufe ich laut aus, aus voller Brust: Schluß mit der Sauberkeit!

27 Es lebe die Pünktlichkeit!

Was ist zu machen, damit die Kinder pünktlich zur Schule kommen? Ich höre oft, daß Kinder verspätet zur Schule kommen; man weiß keinen Rat dagegen. Ich schlage also vor, in jedem Zimmer einen Hahn unterzubringen, der am frühen Morgen krähen und die Kinder wecken wird. Sollte unser Ziel nicht erreicht werden, rate ich, auf dem Hof eine Kanone aufzustellen. Die Kanonenschüsse werden bestimmt die Kinder wecken. Wenn aber die Kinder zu spät kommen, weil sie zu langsam gehen, dann wäre es vielleicht zweckmäßig, die Kinder aus einem Flugzeug mit Wasser zu begießen, dann laufen sie schnell zur Schule. Wenn auch auf diese Weise kein gutes Ergebnis erreicht wird, habe ich einen vortrefflichen Rat, diesen nämlich: Man veröffentlicht die Namen der Nachzügler in einer Zeitung. »Uns interessiert nicht, was man in den Zeitungen schreibt«, werden die Kinder wohl sagen, »Leute, welche die Zeitung lesen, kennen uns ja nicht.« Ach so! Da kann man ja die Nachzügler in der Schulwandzeitung nennen! »Was macht uns das aus«, werden die Kinder sagen, »in der Schule wissen ja alle, daß wir Nachzügler sind.« Na ja! – – Ich schlage also vor, und das ist mein letzter, hoffentlich bester Rat: Die Erwachsenen mögen eine Erklärung in der Wandzeitung veröffentlichen, in der sie versprechen, nirgends und niemals sich zu verspäten und die Kinder aufrufen, ihrem Beispiel zu folgen.

28 Frank

– Wißt Ihr, wer Gasinski ist?
– Ja, wir wissen es.
– Und Kawecka?
– Ja, wir wissen es.
– Und die Margot Kraft?
– Ja, wir wissen es.
– Kennt Ihr alle Prominenten in Warschau, im ganzen Land und im Ausland?
– Ja, wir kennen sie.
– Und den Frank, kennt Ihr ihn?
– Welchen Frank?
– Na, den Frank ohne Familiennamen.
– Nein, diesen Frank kennen wir nicht.
– Seht Ihr!

Zwar hat Frank keinen Familiennamen; schon vor seiner Geburt wußten die Leute, daß er keinen Familiennamen haben würde, und trotzdem kam er auf die Welt.

Hört mal zu, so ein kleiner Fratz, nur fünfzig Zentimeter lang, dieser kleine Strick bereits ein Trotzkopf, mißachtet die traditionsgeheiligten Sitten, erlaubt sich, ohne Familiennamen auf die Welt zu kommen, noch dazu ohne Vater und ohne viel Brimborium. Ist Frank wenigstens bescheiden, leise, unauffällig unter die Herren der Schöpfung geraten?

Nein, zum Teufel, er schrie, brüllte und strampelte, als wenn er nicht nur einen, sondern drei und dazu sehr prominente Väter gehabt hätte.

– Das ist empörend, nicht wahr?
– Ja, gewiß.
– Ich bin auch dieser Meinung.

Leider: es passierte eben.

– Auf die Welt kommen heißt noch nicht leben. Frank konnte sich noch rehabilitieren. Er konnte in zwei, drei oder elf Monaten nach seiner Geburt – sterben. Das machen viele Kinder, nicht nur die ohne Familiennamen, auch die mit Familiennamen.

So, als wenn ein Bürger sich in der Stube umsehen würde: dumpfig, dunkel,

schmutzig, hungrig, er nimmt seine Klamotten und vergrößert die Zahl der Enkel, obwohl keine Bibel darüber berichtet.
Das war mit Frank jedoch anders: er beschloß, der Welt zum Trotz zu leben. Hört Ihr? Seine Mutter gab ihn weg, ihm war's egal; sie konnte seit zwei Monaten nicht seine Pflege bezahlen – ihm war's egal. Drei seiner kleinen Kameraden verließen dieses Jammertal – ihm war's egal. Seine Pflegerin und Erzieherin schmiß ihn auf den Boden, aus Versehen – er machte sich nichts daraus. Er wußte, daß er machtlos war, da bekam er die englische Krankheit (ein kluges Wort: Rachitis) – aber trotzdem lebte er, hartnäckig, biß das Zahnfleisch zusammen (Zähne hatte er ja noch nicht) – und lebte.
Und was soll man mit so einem tun?
Die Gesellschaft der Tierfreunde befaßt sich mit herrenlosen Hunden, aber nicht mit Kindern – ohne Familiennamen. So konnte Frank herumlungern, ohne daß man ihn bemerkte. Jawohl, formal war es so – aber faktisch war das unmöglich: er konnte noch nicht laufen. Ich könnte zum Beispiel ein Haus besitzen, aber wovon sollte ich es bezahlen?
Verstanden?
Frank war vier Jahre alt, als er arbeiten mußte. Bitte, man darf das nicht wörtlich nehmen: ein vierjähriges Kind, sogar ganz ohne Familiennamen, kann weder Lakai beim Arzt noch Fußbodenwäscher beim Rechtsanwalt, weder Gehilfe im Lampengeschäft, Weinhandel oder Tabakgeschäft sein. Aber Frank schaukelte die Zwillinge der Nachbarin und trank ihre Milch aus. Die Nachbarin ahnte, daß Frank die Milch ausgetrunken hatte, da schlug sie mit dem leeren Milchbecher auf ihn ein, aber sie hätte das sowieso getan, auch wenn er die Milch nicht ausgetrunken hätte, wozu sollte er dann noch ›super‹ ehrlich sein wie vielleicht ein Bankier oder sein Vater?
Mit sieben Jahren hatte er sieben Würstchen verspeist. Und das ging so zu: der Faßbinder lud Gäste ein, betrank sich, und als er den Gästen die Würstchen bringen wollte, fiel er um und ließ das Paket fallen. Es kommt vor, daß sich nicht nur der Faßbinder betrinkt, sondern auch der Apotheker und der Medizinstudent und der Sekretär der konservativen Zeitschrift, aber das ist nicht so wichtig.
Genug, daß Frank ein ganzes Dutzend Würstchen auf einmal verspeiste und davon plötzlich sehr stark wurde.
Er setzte sich auf den höchsten Sproß einer Leiter (nicht der der gesellschaftlichen Hierarchie – nur zum Taubenschlag) und dachte: Die edelsten Menschen auf dieser Welt – sind doch – die Betrunkenen.
Und weil ein Funke von Idealen doch sogar in der Seele ›eines ohne Familien-

namen‹ glimmt, beschloß Frank edel zu sein – das heißt, einen Säufer und Würstchen fallen zu lassen.
Wißt Ihr, wer am 5. Oktober 1897 eine Maus in den Briefkasten auf der Chlodnastraße warf? Und als die Postangestellten den Briefkasten leeren wollten, lief diese mit Quietschen davon, alle erschraken, dann lachten die einen, und die andern fluchten. Wißt Ihr, wer das getan hat?
– Nein, das wissen wir nicht.
– Es war Frank.
– Und wißt Ihr, wer die Scheibe der Laterne in der Allee zerschmiß?
– Wissen wir nicht.
– Das war Frank auch.
– Und wißt Ihr, wer den Vers unter den Titel »Evviva l'arte« geschrieben hat?
– Tetmajer.
– Sehr gut. Und wißt Ihr, was für eine Oper Melcer geschrieben hat?
– »Maria.«
– Vorzüglich.
– Was ist die Perle der Tatra?
– Zakopane.
– Sehr schön. Das sollte man alles wissen. Frank wußte bestimmt nicht, daß er sich dem Zorn des Post- und Telegraphenamtes aussetzen würde, wenn er eine Maus in den Briefkasten warf und noch dazu eine unfrankierte.
Als Frank die Laterne zerstörte, setzte er sich dem Zorn der Stadtverwaltung aus. Vielleicht war er sich dessen auch bewußt, nur war er so eigensinnig und dreist, dieser zehnjährige Strolch, daß er sich nichts daraus machte.
Man erlaubte ihm, auf die Welt zu kommen, man erlaubte ihm, den Hühnern die Kartoffeln zu stibitzen, man erlaubte ihm, auf krummen Beinen herumzulaufen, und dann auch, daß sie sich wieder streckten (vielleicht von jenem Dutzend Würstchen her), ohne daß er dadurch Dankbarkeit, Demut oder Achtung für jemanden empfand.
Könnt Ihr Euch vorstellen, daß über diesen Jungen unlängst alle Zeitungen berichteten?
– Wieso, ist er im Theater?
– Aber nein.
– Hat er ein Sonett verfaßt?
– Nein, auch nicht.
– Ertrank er im Bergteich?

– Aber wo denn. Er bestahl seinen Arbeitgeber und wurde von diesem in flagranti erwischt.
– Hat er ihn gefaßt?
– Jawohl: das Schlechte wird immer entdeckt, eine unwürdige Tat kommt immer zum Vorschein und die Hand der Gerechtigkeit erreicht stets den Verbrecher.
– So ein Junge – so was! Was wird aus so einem?
– Seht Ihr? Wißt Ihr jetzt, wer Frank ist?
– Wir wissen es: ein Dieb.
– Wißt Ihr, wer der größte polnische Maler ist?
– Ja: Matejko! Aber nein, Malczewski.
Eine Lüge: dann Popowski! Nein, auch nicht: es lebe Kossak!
Vivat Fałat!
– Aber meine Herren, leiser! Und wo ist Zakopane?
– Im Tatra-Gebirge.
– Sehr schön! Man sollte alles wissen . . . Auch wer Frank ist und wer Cavalieri.
Verstanden? . . .

29 Esthers Geheimnis

Esther ist wieder nicht da. – Wo ist sie nur? Wo kann sie sein? – Man braucht nicht lange zu fragen. Man braucht sie nicht lange zu suchen. Die Mama weiß es. Mama weiß es genau: Esther ist wieder zum Großvater gelaufen.

Warum läuft sie nur immer zu ihm? Was macht sie dort? – Nichts: sie spielt im Hof mit Kindern oder sitzt auf einem wackligen Stuhl in der Stube und schaut vor sich hin. Was sieht sie dort? Etwa die schäbigen Schuhe, die Großvater dauernd flickt und repariert, ist das so interessant und so sehr schön? Fühlt sie sich dort so wohl? Gibt es in Großvaters Hof etwa andere Kinder, kann sie nicht auch hier spielen? Ist es in Großvaters Stube nicht noch dunkler und ärmlicher als zu Hause?

Bekommt sie vom Großvater Bonbons oder ein Butterbrötchen oder Limonade? – Wenn er dies alles hätte, würde er es ihr geben; aber er hat nichts. – Gibt er ihr vielleicht Geld für die Schule, für ein Heft, einen Bleistift? – Auch nicht.

Ist er lieb zu ihr? – Nein. – Einmal tätschelte er ihre Wange; Großvater hat schmutzige und harte Hände. Einmal gab er ihr einen Kuß: er hat einen weißen Stachelbart.

Erzählt Großvater der Esther vielleicht Märchen? – Großvater ist wortkarg. – Sagt er, daß Esther ihn öfters besuchen sollte, weil er sich einsam fühlt? Auch nicht. Esther sitzt nur ein paar Minuten in der Stube, da sagt Großvater gleich:

– Geh mit den Kindern spielen. Hier ist es staubig. Hier ist keine gute Luft.

Das ist alles. Aus.

Und im Hof werden überall dieselben Spiele gespielt, die Jungen stören genauso, und die Mädchen zanken sich wie anderswo. Es ist halt schon so.

Einmal spielte Esther Schule. Die eingebildete Ruth war die Lehrerin. Esther wollte auch Lehrerin sein. Da fing Ruth an zu lachen:

– Was? Du Lehrerin? In solch einem zerrissenen und schmutzigen Kleid, in geflickten Schuhen?

– Du wirst die Bettlerin und nicht die Lehrerin sein.

Esther fühlte sich beleidigt, ging gleich in Großvaters Stube und setzte sich auf den wackligen Stuhl. Großvater sah gar nicht zu ihr hin. Er unterbrach seine Arbeit nicht. Und erst nach einer Weile:

– Geh spielen. Hier ist es staubig.
Esther erzählte, warum sie nicht in den Hof gehen will. Großvater arbeitete weiter. Er ist immer so: erst denkt er lange nach, dann erst spricht er leise, wie zu sich selbst; nicht einmal zur Esther, nur im Selbstgespräch:
– Niemand weiß, was noch wird: ob er einmal reich oder arm sein wird. Das ist ungewiß. Einem gehört heute alles, und morgen kann er alles verlieren. Ein anderer hat heute nichts, aber morgen kann ihm alles gehören, sogar mehr, als er gebrauchen kann.
Einmal legten die Mädchen in der Nähe des Zaunes einen Garten an. Er war so schön. Sie haben sich so viel Mühe gegeben. – Josef kam, machte alles kaputt und lachte noch dazu.
Großvater, wie immer, als sie ihm davon erzählte. – Nichts. Er unterbricht seine Arbeit nicht und nichts dazu.
Aber nach einer Weile:
– Die Leute verderben vieles und stören sich gegenseitig. Josef sieht, was andere tun, da denkt er, es gehört sich so.
Einmal, als Esther auf dem Heimweg von der Schule war, hat man sie in den Straßenschmutz gestoßen und verhauen. Sie erzählte davon nichts der Mutter, nur dem Großvater. – Und er gab ihr folgenden Rat:
Wenn Du zur Schule gehst, dann zähle, wie viele Kinder ruhig, ohne Dich zu belästigen, an Dir vorbeikommen. Du wirst sehen, Du wirst Dich davon überzeugen müssen, daß es mehr Anständige als Strolche gibt.
Das ist wahr. Esther fing an zu zählen: Großvater hat immer recht und gibt selten, aber immer gute Ratschläge.
– Einer ging vorbei, ohne sie zu belästigen. Der zweite, dritte, vierte und fünfte. Neun Jungen gingen ruhig vorbei, und erst der zehnte, ein polnischer Junge, sagte: »Jüdin« und drohte, aber schlug nicht zu.
Esther erzählte das dem Großvater, und er darauf:
– Na ja. Ein Strolch findet immer einen Grund, um zu belästigen. Eine behelligt er, weil sie Jüdin ist, die zweite, weil sie ein Mädchen ist, die dritte, weil sie ärmlich angezogen ist. Er denkt, daß man sich so verhalten sollte, aber auch unter den jüdischen Jungen gibt es Halunken.
Großvater hat immer recht und ist niemals böse.
Einmal kam ein Angetrunkener, um seine Schuhe abzuholen. Er nahm einen Schuh in die Hand und schrie, daß der Flecken schief angenäht sei, daß es eine jüdische Pfuscherei sei, zahlte nicht und ging.
– Großvater, hast Du den Flecken wirklich schief angenäht?
– Ich habe es gemacht, so wie ich konnte.

– Aber es ist doch Dein Verlust? – sagte Esther.
– Jeder Mensch verdient mal, und mal verliert er. Es ist schon so.
Als Esther sich beklagte, daß sie nicht lernen kann, weil sie kein Buch hätte, kein Licht und keinen Platz am Tisch, antwortete der Großvater:
– Dem armen Menschen ist es überall schwer, immer schwer. Es ist schon so.
Als sie sich beklagte, weil die Mutter sie schlug, sagte der Großvater:
– Wenn ein Mensch viel Kummer und kein Geld hat, da ist er öfter böse und weiß selbst nicht, was er tut.
– Großvater, bist Du auch böse, daß Du kein Geld hast?
– Ich brauche kein Geld – sagte der Großvater und fing an zu husten.
– Du brauchst Geld – sagte Esther. – Du bist krank und arbeitest und hast kein Geld, um zum Arzt zu gehen.
Darauf der Großvater:
– Wer zu einem Arzt gehen kann, der möchte gleich von zweien behandelt werden. Wen zwei Ärzte kurieren, der möchte gleich einen bekannten Professor aufsuchen, dann zur Kur und dazu noch ins Ausland fahren. – Geh spielen. Hier ist keine gute Luft. Geh in den Hof.
Die Mama ist öfter böse; jetzt weiß Esther schon warum: sie hat viel Kummer. Es ist schon so.
Esther versuchte auch, mit der Mama zu sprechen, aber das ist nicht gut ausgegangen. Sie beklagte sich über eine Spielkameradin vom Hof, darauf die Mutter:
– Du hast es nicht nötig, mit ihr zu spielen; sie ist so wie ihre Mutter und ihr ehrenwerter Vater. Sollen sie sich alle die Knochen brechen. Sollen sie ein schlimmes Jahr haben. Wenn ich Dich noch einmal mit Ihr spielen sehen, dann bring ich Dich um.
Esther beklagte sich über eine Schulkollegin, darauf die Mutter:
– Die Schule sollte mal niederbrennen, da würde ich endlich zur Ruhe kommen. Statt im Haushalt zu helfen, mußt Du in der Schule singen und hopsen. Schönes Geld verdient Euer Fräulein Lehrerin, soll sie selbst singen und springen.
Die Mutter äußerte sich schlecht über die Lehrerin und danach wieder:
– Ich bin krank, habe Herzstechen, ich fühle mich schwach, ich werde sterben, und Du landest in der Gosse. Du wirst sehen, dann wird Dir niemand Geld für Deine Hefte geben, wer wird Dir Dein Hemd waschen, wer kauft Euch Brot; wohl nicht Dein schneidiger Vater oder der verrückte Großvater.
Die Mama weint, und Esther weint auch.
– Mama, wein bitte nicht – bittet Esther. – Einer hat heute alles und morgen

nichts, der andere hat heute nichts, dafür wird er morgen mehr besitzen, als er braucht.
Die Mama wußte gleich Bescheid:
– Diese Weisheit hast Du vom Großvater. Ihm ist alles gleich. Sie könnten ihm die Scheiben einschlagen und das letzte Kissen wegnehmen, da würde er nur sagen: »Es ist schon so, ich habe nichts gegen sie und sie gegen mich; wenn sie ein Gewissen hätten, würden sie nicht so handeln.« Dein Vater ist auch so einer. – Wenn Du noch einmal zum Großvater gehst, dann breche ich Dir alle Knochen.
Da weint Esther noch mehr, weil sie die Mutter nicht beruhigen kann.
Manchmal, wenn Esther auflacht, sagt die Mama gleich:
– Lach nur, lach. Du wirst nicht mehr lange lachen. Jetzt fühlst Du Dich wohl, da lachst Du. Aber wenn ich sterbe, dann wirst Du erst mal sehen.
Die Mutter sagte noch niemals: – Geh spielen.
Und obwohl Esther die Mutter liebt und sich vor ihr ängstigt und immer brav sein möchte, läuft sie immer wieder zum Großvater.
Denn Esther hat ein Geheimnis. Sie sprach über ihr Geheimnis weder mit der Mama noch mit dem Großvater, obwohl sie ihm alles erzählt, sie sprach sogar mit sich selbst nicht darüber.
Esther möchte Kind sein. Das ist ihr Geheimnis. – Deshalb liebt sie die Schule und den Hof. – Esther möchte wie andere Kinder spielen, möchte kindliche Sorgen haben und sich auch mit Spielkameradinnen streiten und sogar weinen, wenn es sein muß, und so ist es halt, daß der Mensch sich mal wohl fühlt, dann wieder schlecht, wie der Großvater sagt, einmal lustig, dann traurig; aber dann möchte Esther auch kindliche Tränen weinen. Denn, sagt der Großvater, einmal leidet der Mensch, weil er selbst schuldig ist, ein andermal, obwohl er unschuldig ist. Esther kann doch nichts dafür, daß sie noch ein Kind ist.

Statt eines Nachworts

30 Frühlingslied

In der menschlichen Seele ist eine einzige silberne Saite, auf welcher ein Meister nur – einmal im Jahr ein Lied spielen kann. Dieser Meister ist der Frühling; das Lied heißt Liebe . . .

Ich saß auf einer Bank in der Allee und schaute auf die kleinen schüchternen Blätterchen in frischem, hellem Grün. Ich schaute auf die lebhafte Geschäftigkeit der Menschen und Vögel – und eine Wehmut überfiel mich, daß ich am liebsten die Vögel und Menschen geküßt hätte . . .

Vielleicht habe ich das nicht sehr poetisch ausgedrückt, ich bin kein Dichter, jedenfalls habe ich für alles, was auf dieser Welt lebt und sich bewegt, großes Wohlwollen empfunden . . .

Neben mich setzte sich auf die Bank ein Mann, den ich nach seinem Äußeren für sehr unsympathisch empfand. Dick, mit gedankenlosem, sinnlichem (begierigem) Gesichtsausdruck, dauernd schnaufend, mit ausdruckslosen Augen. Und ich empfand ihn auf einmal für liebenswert.

– Mein Herr – sagte ich – ich weiß nicht, ob Sie mich verstehen. Sehen Sie: die Sonne scheint warm und weckt die Natur zum Leben auf. Und mit diesem neuen Leben verspüre ich tief in meinem Herzen eine große Liebe. Im Herbst würde ich Sie vielleicht nicht bemerken, aber jetzt liebe ich Sie. Was macht's, daß Sie einen nicht angenehmen Gesichtsausdruck haben; wenn Sie dumm und schlecht sind, dann ist es nicht Ihre Schuld. Reichen Sie mir die Hand und erzählen Sie von Ihrer Frau, Kindern, vertrauen Sie mir Ihre Sorgen und Ihren Kummer an.

– Aber ich kenne Sie doch nicht – sagte der Unbekannte, indem er sich von mir abwandte und gleichzeitig nach einer Seitentasche des Sakkos griff.

Ich sah diese Geste des Nichtvertrauens, und es war mir jämmerlich zumute.

– Ach – habe ich ihm vorgehalten – Sie denken, ich bin ein Taschendieb; so revanchierten Sie sich für mein aufrichtiges, liebes Entgegenkommen?

– Aufrichtig oder nichtaufrichtig, aber mit fremden Menschen gehe ich kein vertrauliches Gespräch ein.

Er stand auf und ging.

»Armer Mensch!« – dachte ich und meine Augen füllten sich mit Tränen.

Nach einer Weile setzte sich eine alte Dame zu mir auf die Bank.

»Die wird mich verstehen« – dachte ich.

– Liebe Frau – fing ich an. Sie haben graue Haare. Ich liebe Sie, weil Ihr weißes Haar so schön mit dem Frühlingsgrün kontrastiert. Ich liebe Sie, weil Sie so viel Enttäuschungen bestimmt erlebt haben, weil Sie so eine Ruhe ausstrahlen.
(Die Matrone wurde unruhig.)
– Ich habe eine Bitte – küsse meine Stirn und segne mich. Ich glaube, daß ich von Deinem Kuß gut werde, und Dein Segen wird mich im Leben zum Guten leiten, wird mich vor bösen Versuchungen bewahren. Sag zu mir: »Mein Sohn, sei geduldig und mutig.«
Die alte Dame berührte meine Stirn mit zitternden Lippen, und mit erhobener zitternder Hand sprach sie mit zitternder Stimme:
– Mein Sohn, sei geduldig und mutig.«
– Oh, ja – rief ich beglückt – Mutter, ich werde geduldig und mutig sein. Sie erlauben mir doch, »Mutter« zu Ihnen zu sagen?
In diesem Moment näherten sich ein junger Mann und eine junge Frau der Dame mit dem weißen Haar – bestimmt ein Ehepaar.
Ach! wie gut, daß Ihr schon da seid! – rief die alte Dame mit Freude aus. Kommt, kommt von hier weg . . . Auf Wiedersehen, mein Herr. Sie gingen schnell weg, dabei erzählte ihnen die alte Dame etwas lebhaft. Dann drehten sich alle drei nach mir um, mit Blicken, die Mitleit ausdrückten, schüttelten traurig den Kopf und gingen weiter. Ich hatte keinen Zweifel: sie dachten, daß ich nicht ganz normal bin.
Und mir wurde jämmerlich zumute, und meine Augen füllten sich mit Tränen . . .
Nach einer Weile setzte sich ein junger Mann, Anfang Zwanzig, zu mir auf die Bank. Seine Augen blickten lebhaft und verständnisvoll, nachlässig in Bewegung und Kleidung – einer von denen, die ich sympathisch finde.
– Möchten Sie sich mit mir unterhalten? – fing ich diesmal behutsam an. – Sie sitzen hier allein, und ich bin einsam. Wir werden uns nicht vorstellen, wozu auch? Es ist Frühling, Sonne, frisches Grün, Spatzen . . . Ich weiß, daß wir jetzt das gleiche empfinden. Wenn man das erwachende Leben sieht, wenn man soviel Ausstrahlung um sich sieht, dann muß man unbedingt lieben. Wir, die Stadtbewohner, da wir nicht so eng mit der Natur verbunden sind, immer im dicken Straßenstaub, in der giftigen Fabrikluft lebend – haben den Sinn für freundliche menschliche Beziehungen verloren. So sehr möchte ich offen mit jemandem reden, im Herzen des Nächsten einen brüderlichen Platz finden . . .
– Ja – unterbrach mich der junge Mann – das ist alles sehr schön, was Sie

sagen, aber ich bin es gewohnt, einen Menschen erst näher kennenzulernen, bevor ich mit ihm rede. Ich weiß nicht, welcher Anschauung Sie sind, ob moderner oder progressiver, ob weiß oder rot.

– Ach, ja . . . ich bin kariert – entgegnete ich mit schmerzhafter Ironie.

– Und ich habe Angst vor karierten Leuten – sagte er. Stand auf und ging.

Es war mir jämmerlich zumute.

»Damit Dir jemand warm die Hand drückt – genügt es nicht, ein liebendes Herz zu haben; dazu muß man sich erst ein Schild mit seinen Überzeugungen, künstlerischen – gesellschaftlichen, politischen u.a. Neigungen umhängen. Wie weit ist es schon mit uns gekommen, oder kommen wir erst in die Zeit, in der die Sonne die brüderlichen Herzen bewegen wird.«

Und meine Augen füllten sich mit Tränen.

Und durch die Tränen sah ich einen Jungen, vielleicht ein Fünfjähriger, der mich beobachtete.

– Wie heißt Du, Kleiner? – fragte ich.

– Janek – antwortete der Kleine.

– Janek, sag mir mal – begann ich das Gespräch – hast Du auch in Deinem Herzen eine Schublade, in die Du alle Leute nach Farbe und Klang einsortierst? . . .

– Mein Papa hat einen gleichen Stock wie Sie – antwortete der Kleine.

Oh, mein Kind – sagte ich – dieser naive Satz genügt mir für eine Antwort. Du unterscheidest nur zwischen guten und bösen Menschen, die Du nach Gutdünken unterscheidest. Aber das Leben kommt und wird Dich belehren . . .

– Meine Mutti hat die Mademoiselle entlassen, denn sie ging fort und kam nachts nicht zurück. –

Janek.

– Ja, mein Kind, ja.

Und ein solches Gefühl befiel mich, daß ich den Kleinen küßte.

In diesem Augenblick näherte sich uns eine Frau.

– Janek, komm gleich her . . . Mit welchem Recht haben Sie mir das Kind geleckt?

– Ich habe es auf die Stirn geküßt.

– Es ist eine Unverschämtheit – ein fremdes Kind zu küssen. Sie können das Kind anstecken und es lebenslänglich unglücklich machen!

Janek bekam einen Klaps auf den Nacken, und meine Augen füllten sich mit Tränen. Und obgleich mir jämmerlich zumute war, habe ich der Mutter recht gegeben. Sie kennt mich nicht . . .

– Neben mich setzte sich ein geschminktes Mädchen.
Darf ich Sie ansprechen? – fing ich an.
– Hihi – entgegnete sie und rückte näher.
– Sag mir – fing ich traurig an – sag mir, erinnert Dich nicht die Frische der im Frühling erwachten Natur an Deine Kindheit? Als Du klein und rein warst, als Du Deine weiße Stirn den Lippen der Mutter nähertest? Als Du nicht wußtest, daß es auf der Welt schlechte Menschen gibt, daß so viel Schmutz und Elend vom Strom des Lebens getragen werden? Jetzt werden in Deiner Seele Erinnerungen wach und längst vergessene Trauer.
– Freilich werden sie wach – entgegnete sie traurig – aber vielleicht würden Sie mir ein Abendessen spendieren, ja?
– Niemals – entgegnete ich düster – möchtest Du, daß ich mit dem Gestank der Kneipe mir meine romantischen Gedanken verscheuchen soll? Niemals, aber ich bin gewillt, Dir Deinen prosaischen Vorschlag zu verzeihen, der die hellen Töne, welche der Frühling auf silbernen Saiten ertönen läßt, unterbricht. Du armes, gefallenes Wesen, erniedrigt . . .
– Auf Ihr Geschwätz falle ich nicht herein, ich bin nicht so dumm, guckt ihn mal an . . .
Sie ist erzürnt aufgestanden und im Weggehen rief sie mir zum Abschied noch ein Wort zu: – Idiot.
Und es wurde mir jämmerlich zumute. Und ich warf dem Frühling einen vorwurfsvollen und zugleich schmerzhaften Blick zu.
– Oh, Du Frühling, warum lügst Du? . . .
Da setzten sich zwei Mädchen zu mir auf die Bank. Ein Lächeln erhellte ihren Gesichtsausdruck, ein tiefes Rot verschönte ihre lustigen Gesichter. Sie haben sich gegenseitig wahrscheinlich Geheimnisse anvertraut, denn sie flüsterten, und es mußten bestimmt lustige Geheimnisse sein, denn sie lachten ununterbrochen.
Der helle Sonnenschein, das Grün der jungen Blätter, die Spatzen und die zwei fröhlichen Erscheinungen – sie waren eins.
– Meine lieben Mädchen – flüsterte ich verzagt, erlaubt mir mein durch die Kälte des Lebens erstarrtes Herz an der Flamme Eurer Maiwonne zu erwärmen. Erlaubt, daß die Eiszapfen der Lebensenttäuschungen in meiner Seele schmelzen, daß durch Eure bezaubernde Jugend meine alten Träume und Wünsche wieder wach werden. Unterhaltet Euch nur laut, und ich werde still sitzen und zuhören, und vielleicht wird eine Träne die Wange hinunterrollen und die mit Kummerfalten gezeichnete Stirn nässen.
Ich wußte, daß eine Träne nicht auf die Stirn fließen kann, aber ich wußte

auch, daß mir kein strenger Kritiker zuhörte, sondern die Jugend voll frischer, grüner Blätter, die Spatzen – und . . . die Mädchen. Sie schauten halb sinnig, halb verängstigt auf mich.
Inzwischen kam ein Mann mit großen Schritten auf uns zu und verlieh mit seinem dicken Stock seinen Worten energisch Nachdruck:
– Am hellichten Tag, drei Schritte von den Eltern entfernt, Jugendliche belästigen – das kann nur ein abgefeimter Strolch sein.
Mariechen, Sophiechen – wir gehen zurück nach Haus; wir sind genug spazierengegangen . . .
Die silberne Saite erklang zum letzten Mal in einem Akkord, und mein Liebeslied vom Frühling erstarb.
Die Sonne schien, und der Himmel war noch immer ohne Wolken, aber ich empfand den Menschen gegenüber kein brüderliches Gefühl mehr, ich suchte kein mitfühlendes Herz mehr . . .
Oh, mein Lied! Du hast aus mir einen Taschendieb gemacht, einen Nervenkranken, einen Polizeiagenten, einen Idioten und Zyniker, nur weil ich mich den Menschen gegenüber erschließen wollte.
Wenn ich ein Expressionist wäre, würde ich diese Erzählung so abschließen:
»Eine schwarze Katze . . . das Auge des Ramses . . . Hydra . . . Cykuta . . . Leben . . . Ich saß auf der Bank einsam wie der Blitz . . . Die Sonne strahlte rußigen Zweifel auf mich nieder.«
Und das wäre Frieden.

Quellennachweis

Wolfgang Grycz übersetzte die Nr. 1–15, Ilse-Renate Wompel die Nr. 16–26 und 28–31.

Nr. 1, aus: Szkoła Specjalna, Warszawa 1927, Nr. 4;
Nr. 2, aus: A.a.O. 1924/25, Nr. 2;
Nr. 3, aus: A.a.O. 1927/28, Nr. 3–4;
Nr. 4, aus: A.a.O. 1927, Nr. 2;
Nr. 5, aus: A.a.O. 1938/39, Nr. 1;
Nr. 6, aus: A.a.O. Nr. 3;
Nr. 7, aus: A.a.O. 1926/27, Nr. 1;
Nr. 8, aus: A.a.O. 1938/39, Nr. 4;
Nr. 9, aus: A.a.O. 1926/27, Nr. 3;
Nr. 10, aus: A.a.O. 1928/29, Nr. 1–2;
Nr. 11, aus: A.a.O. 1931/32, Nr. 3;
Nr. 12, aus: A.a.O. 1932/33, Nr. 2;
Nr. 13, aus: A.a.O. 1925/26, Nr. 3;
Nr. 14, aus: A.a.O. 1924/25, Nr. 4;
Nr. 15, aus: A.a.O. 1933/34, Nr. 1;
Nr. 16, aus: Wybór Pism, Bd. 1, Warszawa 1957, S. 253f.;
Nr. 17, aus: A.a.O. S. 282f.;
Nr. 18, aus: A.a.O., S. 262f.;
Nr. 19, aus: A.a.O. S. 377f.;
Nr. 20, aus: A.a.O., S. 232f.;
Nr. 21, aus: A.a.O., S. 319f.;
Nr. 22, aus: A.a.O., S. 25f. (aus: Das Salonkind);
Nr. 23, aus: A.a.O., S. 14f.;
Nr. 24, aus: A.a.O., S. 371f.;
Nr. 25, aus: A.a.O., S. 314f.;
Nr. 26, aus: A.a.O., S. 305f.;
Nr. 27; dieser Text Korczaks für die Wandzeitung eines Kibbuz in Israel wurde von Frau mgr. Ida Meržan, Warschau, zur Verfügung gestellt. Die Übersetzung stammt von Maria Kropiwnicka; auch in: Wer war Janusz Korczak, Gießen 1975 (Druck der Universitätsbibliothek) hrsg. von E. Danzenroth und A. Hampel.

Nr. 28, aus: A.a.O., S. 310f.;
Nr. 29, aus: HECHALUC HACAIR, Warszawa, Januar 1939;
Nr. 30, aus: Jüdische Monatszeitschrift, Jg. 3, Bd. 1, H. 2, Febr. 1933, S. 237ff.;